El mensaje del profeta Oseas

Una teología práctica para combatir la corrupción

EL MENSAJE DEL PROFETA OSEAS

Una teología práctica para combatir la corrupción

Milton A. Acosta

El mensaje del profeta Oseas
Una teología práctica para combatir la corrupción
© *Milton Alfonso Acosta Benítez*

Hecho el Depósito Legal en la Biblioteca Nacional del Perú N° 2018-07942
ISBN N° 978-612-4252-25-9

Primera edición: Junio 2018
Categoría: Estudios bíblicos - Estudio del Antiguo Testamento

Editado por:

Apartado postal: 11-168, Lima - Perú
Av. 28 de Julio 314, Dpto. "G", Jesús María, Lima - Perú
Telf.: (511) 423-2772
E-mail: Administración: puma@cenip.org
Perú: pedidos@edicionespuma.org
Internacional: ventas@edicionespuma.org
Web: www.edicionespuma.org
Ediciones Puma es un programa del Centro de Investigaciones y Publicaciones (CENIP)

Diseño de carátula: Eliézer Castillo
Diagramación: Hansel James Huaynate Ventocilla

Contenido

Este libro comenzó como una serie de exposiciones bíblicas presentadas en Medellín en el evento "Predicación Transformadora" en septiembre de 2015 en la Fundación Universitaria Seminario Bíblico de Colombia (FUSBC), organizado por Langham Predicación, Escuelitas de predicadores y FUSBC.

Como se trataba de un tema que nos concierne a todos los habitantes del mundo, Paul Windsor, director de Langham Predicación, tuvo a bien invitarme a que convirtiera esas exposiciones bíblicas en un libro, tarea que acepté, y el resultado es el libro que tiene el lector en sus manos.

Prólogo

La corrupción, como se señala con insistencia desde diversos ángulos analíticos, es una pandemia que corroe todo el tejido social, los organismos del Estado, los partidos políticos y las instituciones y, entre ellas, las distintas confesiones religiosas que se supone deberían ser ejemplo de transparencia, oportuna rendición de cuentas y honradez a toda prueba. Frente a esa realidad que parece estar enseñoreándose entre personas y estructuras y cuya cara más visible en estos días es la destitución, renuncias, juicios y prisión preventiva o encarcelamiento de funcionarios públicos y gobernantes, ¿qué papel le corresponde a quiénes afirman que el Dios de la Biblia es justo y ama la justicia, y que la justicia y el derecho son un reclamo insistente que él hace a todos los seres humanos, y no solamente a los creyentes? ¿Deben quedarse callados, permanecer indiferentes, complacientes o justificar las acciones de los corruptos?

El Dr. Milton Acosta en este libro sobre el profeta Oseas, aborda el tema de la corrupción de una manera integral; es decir, ubica el texto en su contexto, y actualiza su mensaje conectándolo con ejemplos de la problemática actual que afecta a nuestros países. Este valioso esfuerzo de doble contextualización es lo que más aprecio del fino análisis que Milton Acosta hace de los pasajes del libro de Oseas que él desmadeja, dialogando con el texto y el contexto, con sus manos expertas de artesano bíblico que conoce a fondo el mensaje del Antiguo Testamento.

Los temas que trabaja en cada capítulo dan cuenta, tanto del profundo conocimiento que tiene del libro de Oseas, como de la realidad histórica desde la que escribe como profeta del Dios de la Vida: Corrupción en las Fuerzas Armadas, corrupción de la justicia, corrupción en el gobierno y la política, la cultura de la corrupción, corrupción de los líderes religiosos. Cada uno de estos capítulos parece dibujar lo que ocurre actualmente en nuestros países asolados por la corrupción, la impunidad y la injusticia institucionalizada. Es decir, Milton Acosta, no reflexiona cómodamente desde el balcón o desde el escritorio, sino que nos conecta con la realidad histórica inmediata para saborear de esa manera la actualidad del mensaje bíblico en nuestra realidad particular de misión. Hilvana así una reflexión teológica contextual que invita al compromiso con la justicia y el derecho, sin concesiones a los corruptos sean políticos, militares o religiosos, y que apunta a la construcción de un país para todos.

El libro que usted tiene en manos es un excelente ejemplo de teología bíblica contextual y visibiliza la espiritualidad que nutre el peregrinaje teológico del autor. La lectura teológica-política que hace de la corrupción, además de un análisis de los efectos perniciosos que la corrupción tiene en las personas y en las instituciones de la sociedad, exige una respuesta militante en favor de la justicia, el derecho, la paz, la reconciliación y la construcción de una sociedad de iguales. ¡Muchas gracias Milton por esta valiosa contribución que, indudablemente, será un valioso insumo para la práctica de la misión integral de las iglesias en el Sur y en el Norte del mundo!

Darío A. López Rodríguez
Lima, mayo de 2018

Introducción

La historia que sigue es de la vida real. Ocurrió en un país cuyo nombre no es conveniente revelar aquí. A un hombre le robaron su costoso vehículo, que había dejado estacionado a un costado de la calle. Conmocionado al ver la desaparición de su automóvil, acudió inmediatamente a la policía de esa localidad para denunciar el hecho. El policía que lo atendió lo escuchó atentamente el relato y la descripción del vehículo; tomó atenta nota de los detalles y le dijo lo siguiente: "Muy bien, aquí tiene una lista de los nombres y los teléfonos de los ladrones de automóviles en este sector; llámelos para ver quién lo tiene y arregle con ellos mismos el precio del rescate". Superada la confusión por lo que acababa de oír, el ciudadano decidió seguir las instrucciones del policía y empezó a llamar uno por uno a todos los números hasta que por fin dio con "su" ladrón. Cuando estaba en medio del *tira y afloje* de la negociación con el ratero —si dos mil o cuatro mil dólares de rescate—, la madre del delincuente tomó el teléfono y empezó a insultar al dueño del auto. Le dijo: "No sea desconsiderado, ¿cómo se le ocurre pedir rebaja? Páguele a mi hijo lo que le está pidiendo. ¿No ve que hasta arriesgó su vida por robarse el auto?; pague rápido si no quiere perderlo".

Si no fuera porque me lo contaron unos amigos, quienes no son dados a las mentiras, esta historia hasta sería un chiste relativamente bueno. Lo que sí muestra, como muchos ya lo han dicho, es que la realidad de la maldad que vemos a diario con frecuencia supera la ficción de las películas y series de televisión.

La corrupción está presente en todos los ámbitos de la sociedad. Es difícil encontrar transacciones humanas que no estén salpicadas o permeadas por la corrupción. Desde la política y la justicia hasta los deportes y el mundo empresarial, todos los días nos enteramos de un caso nuevo y más escandaloso de fraude, de abuso del poder, de enriquecimiento ilícito. Tan prevalente es este flagelo humano que ahora existe el Día Internacional contra la Corrupción, de modo que el problema no es encontrar casos y estudios, sino mecanismos eficaces de minimizar la corrupción. Las denuncias y las capturas abundan. Pero ¿es posible lograr que una persona o una cultura corrupta se vuelvan honestas como resultado de una campaña, una ley o un programa de gobierno?

Es más fácil reconocer la corrupción que definirla. Sin embargo, proponemos una definición sencilla para los propósitos de este libro. Corrupción es la utilización indebida que un individuo hace del poder que le da un cargo o una posición social para obtener beneficios personales o para terceros. Es decir, la corrupción se vale de las estructuras sociales, empresariales y gubernamentales legalmente establecidas. En esto precisamente radica la dificultad para detectarla, comprobarla y castigarla. A un ladrón lo capturan en las afueras del supermercado con la lata de sardinas sin pagar; habrá un video para probar el hecho y ya está. Pero, por ejemplo, demoran años para llegar a una sentencia en los delitos de los gobernantes en las grandes obras de infraestructura de un país, ya que en la comisión del fraude se mezcla la legalidad con la ilegalidad en el desempeño de unas funciones.

A tal sofisticación han llegado las redes de corrupción que ya no deberíamos hablar de políticos, gobernantes, funcionarios o empresarios corruptos, sino de delincuencia organizada que funciona "legalmente" dentro de las instituciones y las empresas. En esa sociedad vivimos y trabajamos los cristianos; a algunos les parece que no hay nada que hacer; otros piensan que pueden cambiar el mundo; antes con la evangelización, hoy con la política.

Qué se ha hecho hasta el momento

La corrupción ha sido objeto de innumerables estudios y discursos en las últimas dos décadas. No hay día en que no aparezca un nuevo caso de corrupción en los noticiarios de televisión y los diarios. La novedad ya no es la corrupción en sí, sino la magnitud de los dineros robados y la cantidad de gente involucrada.

No existen muchos estudios bíblicos y teológicos sobre la corrupción. Normalmente en teología se habla de la corrupción moral y del corazón, es decir, del "pecado". Sin embargo, en las teologías latinoamericanas el tema de la corrupción social sí figura. Un ejemplo de esto es la *Teología sistemática: desde una perspectiva latinoamericana*, de Raúl Zaldívar, donde la corrupción es considerada un pecado social (Zaldívar, 2008: 311–19). Esto es importante notarlo, porque no siempre encuentra uno un capítulo sobre el pecado social en una teología sistemática. Destacamos a continuación las voces de algunos cristianos evangélicos latinoamericanos contra la corrupción.

La revista *Iglesia y Misión*, editada por el doctor C. René Padilla, dedicó varios de sus artículos al tema de la corrupción. Algunos tratan la corrupción en escenarios específicos de la sociedad, como el mundo empresarial, por ejemplo (junio, 1990).

En 1996 Padilla advertía lo siguiente:

> Cualquier persona medianamente informada acerca de los problemas que aquejan a los países latinoamericanos sabe bien que uno de los peores de todos ellos es la corrupción: con demasiada frecuencia los que detentan el poder que se deriva de la autoridad lo usan para beneficiarse económicamente.

En ese mismo editorial de la revista *Iglesia y Misión* n.° 58, Padilla señala algunos asuntos fundamentales y permanentes sobre la corrupción: 1) empieza desde los presidentes; 2) tiene una larga y arraigada historia en nuestro continente; 3) ha incidido significativamente en nuestro subdesarrollo; 4) es un problema de todos los países del mundo; y 5) es un problema que no se soluciona con la conversión de la gente, sino que se puede enfrentar con el sacerdocio de todos los creyentes, pues "lo que se requiere es educar a los ciudadanos para el ejercicio de la democracia, mejorar la calidad del Estado y propiciar un sistema de controles independientes".

También en el mismo número de la revista *Iglesia y Misión* aparece un artículo del doctor Arnoldo Wiens titulado "Los evangélicos latinoamericanos ante el desafío de la corrupción". Este autor señala que la gravedad de la corrupción es tal que no solamente amenaza la seguridad y el progreso, sino "la existencia misma del continente".

Continúa Wiens:

> La corrupción [...] no es sólo un problema económico, social o político, sino que ha llegado a penetrar en la misma expresión cultural de los países latinoamericanos e incluso se enquistó en las esferas eclesiásticas. La corrupción es un problema moral y espiritual de efectos muy perniciosos para la sociedad toda.

Para Wiens, lo que no se ha investigado muy bien de la corrupción son sus causas morales, lo cual hace que los cristianos tengan un papel importante que cumplir en la sociedad. A primera vista pareciera que la iglesia podría jugar un papel importante en la lucha contra la corrupción. Sin embargo, el problema de esta propuesta radica en que, como el mismo Wiens señala, la corrupción, al igual que el resto de la sociedad, ha penetrado también las esferas eclesiásticas. Otros estudios afirman lo mismo.

Reflexionando en el tema político y electoral, Wiens sostiene que, cuando los pobres votan por políticos corruptos, los están autorizando para que les roben y los mantengan en la pobreza, para que los mantengan con mala educación y malos servicios de salud. Quien vota por un político corrupto se hace una especie de autogol económico y social que éste celebrará por el resto de su vida.

En su libro *Victoria sobre la corrupción*, el doctor Jorge Atiencia expone el mensaje de la segunda carta de Pedro alrededor del tema de la corrupción. Como el título lo indica, Atiencia sostiene que es posible para el cristiano "mantener esa fe *preciosa* en un ambiente permeado de corrupción", la cual el autor define como un "monstruo que nos devora" (Atiencia, 1998: 9, 19).

El argumento de Atiencia es que la victoria contra la corrupción no consiste solamente en abstenerse de participar en ciertas actividades dudosas o claramente corruptas, sino en involucrarse en actividades que directa o indirectamente combaten la corrupción de manera eficaz. En algunos casos, se trata de dar y servir como expresión del amor cristiano: "Este amor sostiene al débil, ocupa al desocupado, incorpora al marginado, sana al herido, reduce al violento, disciplina al abusador. Este amor es el principio del fin de la corrupción" (Atiencia, 1998: 24).

Si bien Atiencia invita a sus lectores a analizar las raíces de la corrupción y atacarla "en forma contundente", como lo hizo el apóstol Pedro, la consigna de su libro es que la corrupción no solamente hay que denunciarla (con palabras y con la vida), sino reemplazarla (Atiencia, 1998: 57, 53). Por ello, a lo largo del libro el autor relata historias reales de individuos que han buscado formas creativas y revolucionarias de reemplazar la corrupción, de llenar el vacío que deja lo que los corruptos les han robado a los más necesitados y a la nación. El autor se asegura de señalar que en algunos casos esta lista es reemplazada por el activismo religioso, lo cual en realidad poco contribuye para el cultivo del carácter de Jesucristo en el creyente.

Se podría decir, entonces, que los cristianos en América Latina no tenemos excusa para el desconocimiento del tema, pues mucho se ha escrito sobre la corrupción desde una perspectiva bíblica y teológica.

La corrupción ha sido tratada por teólogos reconocidos y los estudios se han publicado en libros y revistas de amplia divulgación, y también en Internet. Así las cosas, cabe preguntarse por qué un tema tan prominente en la Biblia, tratado por nuestros teólogos y cuyos efectos devastadores todos los hemos sufrido, ha estado tan ausente de los púlpitos. Arriesgo una respuesta simplista: no nos ha interesado porque hemos estado ocupados en otros temas. Congresos de pastores y líderes ha habido por montones, pero los temas han sido otros. Es decir, nos hemos dado el lujo de ignorar uno de los problemas más graves de nuestras sociedades. Aquí vendría bien preguntarnos cuál ha sido entonces la agenda de la iglesia y quién la ha puesto.

En América Latina hemos perdido lenguas indígenas, selvas, costumbres hermosas, valores familiares y tantas otras cosas. Pero hay algo que no hemos perdido, sino que se mantiene, se cultiva y crece, se pasa de una generación a otra de manera cada vez más sólida y sofisticada: la corrupción. No es cuestión de comparar un país con otro para ver cuál es peor. Es cierto que no estamos solos, pero no vamos a comparar el cáncer de una persona con el sida de otra para determinar quién está mejor. Si las maldiciones generacionales existieran, en América Latina se llamaría corrupción. Ése es el mal que hemos pasado más exitosamente de generación en generación.

Aunque no conocemos historia sin corrupción, la gravedad de ésta nos toca cuando ocurre una tragedia, como la del accidente del avión de Lamia donde murieron casi todos los jugadores del equipo Chapecoense de Brasil en tierras colombianas el 28 de noviembre de 2016. Pero la gran corrupción de políticos, funcionarios públicos y los grandes empresarios, a diario, mata, margina y condena a nuestros pueblos al atraso, la pobreza y la violencia.

De otras latitudes, vale la pena citar el libro *Viviendo como pueblo de Dios: la relevancia de la ética del Antiguo Testamento*, del doctor Christopher Wright. Éste es un estudio detallado de la teología que sustenta la ética bíblica y su relevancia para la vida actual (Wright, 1996).

El tema de la corrupción en publicaciones académicas y populares

La bibliografía sobre la corrupción se disparó de una manera descomunal a partir del año 2000. En una base de datos consultada (ProQuest Research Library), los artículos sobre corrupción en revistas científicas y populares entre 1920 y 1989 no llegan a los cinco mil. El panorama empieza a cambiar en la década de 1990 a 1999 cuando aparecen 38538 registros. Para las dos décadas siguientes, el tema es motivo de investigación y publicaciones por doquier; figuran 126729 artículos sobre corrupción publicados entre 2000 y 2009; y 154409 de 2010 a 2017. Es decir, en los últimos 18 años han aparecido más de 280000 artículos que tratan el tema de la corrupción. De los temas tratados en este libro, existen más estudios sobre la corrupción política, corrupción de la justicia y la cultura de la corrupción; les siguen los estudios sobre las fuerzas armadas y, por último, las organizaciones religiosas. Como se ve, la corrupción al interior de las instituciones religiosas es también un tema de estudio con literatura abundante. La razón es obvia: existe, y mucha.

De lo anterior podemos concluir lo siguiente: primero, que la corrupción es un problema mundial; segundo, que existe en todas las esferas de la sociedad; y tercero, que los estudios sobre corrupción sirven de poco o nada para contrarrestarla.

Una de las frases más comunes en las historias de los países latinoamericanos es que en algún momento crítico de la historia hubo un negocio importante para sacar adelante la economía del país, pero no se pudo. Como lo ha dicho un autor en un caso: ahí se "perdió una oportunidad crucial para desarrollar sólidas bases financieras, afincadas en una transparente deuda pública, así como unas raíces sociales más amplias y equitativas" (Quiroz, 2015: 173). Uno tras otro los historiadores repiten un estribillo parecido, que significa por lo menos dos cosas obvias: 1) que sí ha habido muchas oportunidades para mejorar la situación económica de la mayoría de los ciudadanos de nuestros países; y 2) que el arraigo de la corrupción es tan amplio y profundo que siempre y de manera sistemática ha impedido dar solución a los grandes problemas económicos y sociales.

El nombre de un foro organizado en 2017 por una revista de alta circulación en Colombia fue "La corrupción: la peor forma de violencia". Ese título revela una realidad de la corrupción en la que no siempre se piensa. Como se vio en el trágico accidente del avión que transportaba a los jugadores del equipo brasileño Chapecoense a la ciudad de Medellín, la corrupción mata. Lo que ocurre es que no tenemos conciencia de ello porque los medios de información no muestran estudios donde se analizan las consecuencias de la corrupción. Por lo general, los grandes medios de comunicación masiva no tienen presupuesto para la verdadera investigación de temas económicos, políticos y sociales. Estos estudios minuciosos no contribuyen al *rating* de los noticiarios y hasta podrían resultar incómodos e inconvenientes para los propietarios de dichos programas.

Se podría, por ejemplo, estudiar las muertes causadas por la corrupción en los servicios de salud, en las oficinas de medioambiente, en las obras de infraestructura (como la falta de señalización en las carreteras, los andenes peligrosos, los puentes que no existen, las carreteras que no se pavimentan, entre otros). Y así, podemos pasar por cada ministerio del gobierno y encontrar que donde hay corrupción hay muerte.

Además de la muerte, la corrupción también genera otro tipo de desmejoramiento de la vida por el atraso que produce y por lo que cuesta éste. Por ejemplo, en Colombia no se construyeron muchos kilómetros de ferrocarril y luego los pocos que existían dejaron de funcionar. ¿Cuánto le ha costado a la economía de los colombianos este solo caso si sabemos que el transporte de carga por carretera cuesta diez veces más que el transporte por ferrocarril? Nunca lo sabremos. Lo que sí sabemos es que el transporte de un contenedor de carga cuesta más de Cartagena a Bogotá que de Shanghái a Cartagena.

La corrupción en América Latina

La gravedad del flagelo de la corrupción en América Latina es asunto que no necesita demostración. De esa gravedad hablan hasta los mismos corruptos cuando les toca dar discursos donde pretenden seguir figurando y haciendo el papel de personas decentes. El número elevado de funcionarios latinoamericanos, incluyendo presidentes y expresidentes, que han sido procesados, destituidos y encarcelados por corrupción en las últimas tres décadas da cuenta de la magnitud del problema. Sin embargo, ellos y sus familiares siguen ocupando cargos públicos, por votos y por nombramientos que les hacen sus amigos de corruptela.

Hay quienes afirman que la gravedad de la corrupción en América Latina se debe a una pérdida de valores y otras razones que recientemente habrían minado la ética de los ciudadanos. Al plantear el tema de esta manera se supone que tales valores existieron en otro tiempo cuando no había corrupción o, por lo menos, no tanta. Sin embargo, el historiador Alfonso Quiroz afirma que la corrupción en América Latina viene desde la época de la Colonia. Es decir, los estados latinoamericanos no han conocido existencia sin corrupción en ninguna época. La corrupción siempre ha formado parte de las estructuras oficiales y las relaciones entre los ciudadanos. A esto se conoce con el nombre de corrupción sistémica.

Lo que vemos hoy, entonces, no es nuevo, sino la "continuidad y legados de la corrupción" que siempre ha existido. Aunque el estudio de Quiroz es específico del Perú, sostiene que los patrones de corrupción de ese país son muy similares a los del resto de América Latina. Esta corrupción sistémica se puede constatar "en la transición de las instituciones coloniales a las republicanas", las cuales

> hundían sus raíces en el poder centralista y patrimonial de los virreyes militares, respaldados por sus círculos de patronazgo. El abuso de las políticas financieras fiscales y de las instituciones continuó siendo un rasgo importante del legado colonial. Al carecer de una tradición significativa de pesos y contrapesos constitucionales y una división de poderes, las nuevas estructuras de poder surgidas en la década de 1920 se basaron en redes de patronazgo muy bien arraigadas, que fueron dominadas por los caudillos militares, quienes a su vez heredaron la influencia de los oficiales militares del tardío sistema colonial (Quiroz, 2015: 127).

En otras palabras, no hay nada nuevo en la corrupción que vemos hoy, pues ésta es la herencia que hemos recibido, tolerado y cultivado. Quizá la única novedad hoy sea que conocemos mejor el talante de nuestros dirigentes y nos conocemos mejor a nosotros mismos.

Lo que hace Quiroz en su extenso libro dedicado a la corrupción en el Perú, es comparable a lo que realiza el profeta Oseas en su breve libro en el Antiguo Testamento. Esta historia es la que necesitamos conocer; pero no es solo para saberla, sino también para sentirla. Una manera de sentir la gravedad de la corrupción es entender lo que ésta cuesta de manera concreta y los resultados que produce en forma de atraso, pobreza y muerte, como lo sentimos con el accidente del avión de Lamia.

Sin embargo, parecemos estar tan acostumbrados a la corrupción que, si acaso nos damos cuenta de su existencia, si algo percibimos, quizá hasta nos indignamos, pero damos por sentado que no hay nada que hacer. En cuanto a los desafíos que la corrupción nos impone a los cristianos, quizá sigan siendo ciertas las palabras que dijera Arnoldo Wiens hace más de dos décadas: "No se ha profundizado aún, en América Latina, la reflexión en cuanto a los desafíos éticos y teológicos que plantea la corrupción generalizada a la fe cristiana. A muchos sectores del cristianismo tal injusticia parece no preocuparlos en demasía" (Wiens, 1998: 203). Es importante notar que en últimas la corrupción es una forma de injusticia social.

La corrupción tiene formas propias de manifestarse que varían de una cultura a otra: "En América Latina tienen preponderancia las relaciones personales por encima del mismo cumplimiento de la ley" (Wiens, 1998: 32). Aplicado esto a la corrupción quiere decir que las prioridades de un funcionario en el ejercicio de sus funciones van en el siguiente orden: primero, las relaciones; segundo, el enriquecimiento personal, y tercero, el cumplimiento de las leyes. Por esta vía, a los amigos se les hacen los favores que pidan, por muy ilegales que sean, aunque vayan en detrimento de la nación y de los demás ciudadanos. El asunto es en realidad muy sencillo: por razones culturales, uno no puede quedar mal con los amigos que solicitan favores; y mucho menos si el solicitante es familia o compadre. Las relaciones familiares y las amistades hay que conservarlas por encima de todo.

Oseas: una voz contra la corrupción

La corrupción es sin duda el tema central en el libro de Oseas. Su importancia para este estudio es que este profeta va a la raíz del asunto: Israel se ha corrompido. La palabra de Dios denuncia aquí delitos muy graves, y está acompañada de mucho sentimiento. Predominan dos metáforas de Dios: como esposo despechado que intenta recuperar a su esposa infiel, y como padre afligido a quien le duele disciplinar a su hijo descarriado. De estas dos imágenes, la del matrimonio del profeta con una prostituta representa unos desafíos hermenéuticos formidables.

La metáfora con la que se inicia el libro de Oseas es la relación matrimonial. Pero no se trata de la relación idílica ni la de la novia vestida de lino fino del Apocalipsis. Todo lo contrario; se trata de un matrimonio donde una de las partes ha sido descaradamente infiel por largo tiempo. El esposo en este matrimonio es Dios y la esposa Israel, el pueblo de Dios. Dentro de las muchas incomodidades que causa la metáfora, una en particular deja a Dios en una situación indigna: casado con una prostituta. Pero parece que Él está dispuesto a correr el riesgo de ser malinterpretado con tal de mostrarle a Israel su condición y el amor que le tiene.

La imagen matrimonial en el Antiguo Testamento

En las teogonías (historias de los orígenes de los dioses) del Medio Oriente antiguo es común encontrar que los dioses tengan un origen, se enfrenten unos contra otros y tengan consorte. Es decir, hay dioses masculinos y otros femeninos. En este punto, Israel se distingue de los pueblos vecinos porque su Dios no tiene un origen, no llega a ser supremo por haber derrotado a otros dioses, ni tampoco tiene consorte (por lo menos no oficialmente, porque la arqueología y el mismo texto bíblico demuestran que existían santuarios donde se adoraba al Dios de Israel con su consorte). Sin embargo, tanto en el Antiguo como en el Nuevo Testamento se presenta al pueblo de Dios como esposa de Dios. De este modo, entonces, la metáfora matrimonial se comprende perfectamente en el contexto antiguo.

Así las cosas, la dificultad con esta metáfora no radica en sus componentes ni en la idea, sino en que al profeta Oseas se le ordene casarse con una prostituta para representar así el estado de la relación de Dios con Israel, lo cual pone a Dios en una situación incómoda e indigna, por decir lo menos.

Oseas no es el único profeta bíblico en describir a Dios y a Israel en términos así, tan poco halagadores. Jeremías 3.6–18 describe el descaro con el que Israel (reino del norte) faltaba a su pacto matrimonial, fornicando "sobre cualquier monte elevado y bajo cualquier árbol frondoso". Por esta razón, Israel recibió de Dios la carta de divorcio. Judá (reino del sur) hizo lo mismo, fornicando "con la piedra y con el leño". Las correspondencias monte-piedra y árbol-leño claramente se refieren a los sitios de culto y a los dioses allí adorados.

El adulterio en el que ha caído el pueblo de Dios consiste en la adoración de los dioses cananeos, descrita por varios profetas como rebelión contra el Señor, es decir, apostasía. Estas acusaciones de adulterio y fornicación no sólo se refieren a la adoración de otros dioses y la participación en esos cultos, sino también a las alianzas políticas con otras naciones (Moughtin, 2008: 1). De Judá no se dice que haya recibido carta de divorcio, pero Israel, a pesar de haberla recibido, sigue siendo objeto del llamado de Dios a la reconciliación, porque el Señor es misericordioso y no guarda rencor para siempre. Además del llamado al arrepentimiento, hay una profecía de restauración que incluye a todas las naciones de la tierra. Este mensaje de llamado a la conversión a pesar de la rebelión se escuchará una y otra vez en el Nuevo Testamento, pero con límites (cp. Ro 1.28–2.11).

La metáfora matrimonial no es de comprensión inmediata debido a las complejidades culturales, literarias y teológicas que la sostienen. Por lo tanto, para la comprensión de esta metáfora y su uso necesitamos recurrir a varios campos del estudio del Antiguo Testamento: la religión cananea, las figuras retóricas usadas por los profetas y las ideas y costumbres sobre el matrimonio en el antiguo Israel. Luego habrá que ver si Oseas permanece en esa misma línea o si se desvía de alguna manera.

Estudios recientes concluyen que la imagen del profeta casado con una mujer infiel es problemática, dadas sus connotaciones, en ocasiones pornográficas, y por la violencia contra la mujer que pareciera justificar, especialmente en Jeremías 2.1–3 y Ezequiel capítulos 16 y 23 (Kelle, 2005: 48). Además, pareciera mostrar a la mujer como esencialmente pecaminosa y, para completar, no es el tipo de metáfora que un predicador pueda suavizar o reemplazar para quitarle lo problemático. Toca preguntar también si la metáfora que se crea afecta nuestra perspectiva de las partes que la componen: Dios, la mujer, Israel y el hombre. ¿Qué le hace la metáfora a cada componente? La otra pregunta es si estas metáforas refuerzan los estereotipos negativos que ya existen. Es decir, ¿de qué manera afectan metáforas así nuestra percepción de las mujeres? Así las cosas, no podemos pasar por encima de estos textos y decir que "es solo una metáfora", como si el lenguaje figurado fuera decorativo nada más (Moughtin, 2008: 2).

Los textos del Antiguo Testamento más conocidos con esta metáfora son Isaías 1.21; 50.1–3; 54.1–10; 57.6–13; 62.4–5; Jeremías 2.1–3, 13; 4.1–31; 13.20–27; Ezequiel 16; 23; Oseas 1–3; 9.1; Miqueas 1.6–7; Nahum 3.4–7 y Malaquías 2.10–16. Los estudiosos del tema suponen que el primer profeta bíblico en usar esta metáfora fue precisamente Oseas. Tradicionalmente se ha creído que quizá el profeta lo que hace es utilizar una imagen conocida y bien entendida en el baalismo y su culto a la fertilidad, lo cual intenta combatir en el Israel del siglo octavo (Kelle, 2005: 48). Hoy no existe tanta seguridad en cuanto a la existencia de la llamada "prostitución sagrada"; o por lo menos no es seguro que la prostitución en el culto de la que habla el texto se refiera a eso, especialmente porque se usa para alianzas políticas también (Moughtin, 2008: 13). Se trata, más bien, de una metáfora basada en la infidelidad que se extiende a la prostitución.

La imagen matrimonial en Oseas

Según Kelle, tenemos cuatro opciones para interpretar la presencia de la imagen matrimonial en Oseas:

1) "La imagen matrimonial viene de la experiencia del profeta en su propio matrimonio". Esta opción resulta difícil de comprobar porque la única información que tenemos sobre el profeta y su matrimonio están en el libro de Oseas mismo. Y como la información es poca, y lo único que hay se refiere al adulterio de Gomer, su mujer, al intérprete no le queda mucho para reconstruir la historia de esta familia.
2) "La metáfora se fundamenta y reacciona en contra del culto de fertilidad a Baal en el Israel del siglo octavo". El estudio de la religión cananea y su práctica en Israel ha sido revisado en las últimas décadas y, lo que antes se asumía como cierto, hoy no se da por seguro.
3) "El lenguaje surge de una idea preexistente de un pacto entre Yahweh e Israel". El problema con esta perspectiva es que existen en el Antiguo Testamento diferentes formas de entender el concepto de pacto y que el matrimonio no lleva implícito ese concepto.
4) "La imagen viene del lenguaje de las maldiciones en los tratados de vasallaje del Medio Oriente antiguo". Esta explicación es menos especulativa; tiene a su favor el hecho de que sí hay referencias en estos tratados a la infidelidad conyugal, pero sigue siendo insuficiente, porque no toma en cuenta lo que sabemos de las leyes y prácticas matrimoniales en el Medio Oriente antiguo, incluyendo a Israel (Kelle, 2005: 49–53).

A mi parecer, estas explicaciones no tienen por qué ser mutuamente excluyentes ni tampoco suficiente ninguna de ellas por sí misma. Es decir, sin ser movidos por ningún vicio conciliatorio a ultranza ni por un eclecticismo extremo, todas estas explicaciones juntas forman un cuadro más completo, aunque las ideas sobre el culto cananeo deban ser revisadas.

En conclusión, en el Antiguo Testamento existe el matrimonio, la infidelidad y el divorcio por infidelidad. Esto es lo mínimo que se podría decir. El matrimonio se lleva a cabo en un contexto legal y existen formas de quebrantar ese acuerdo, pacto o como se le llame. El problema no es ése, sino cómo se trasladan esas realidades humanas a la relación de Dios con su pueblo.

El poder y el problema de la metáfora matrimonial en Oseas

Las metáforas como la que nos ocupa tienen sentido en un contexto histórico y sociocultural específicos, los cuales no siempre corresponden a los del intérprete. Aunque el tema del profeta Oseas no es el lugar de la mujer en la sociedad, el asunto es ineludible, puesto que, para que la metáfora matrimonial funcione, es necesario presuponer un cierto lugar de la mujer en la sociedad de ese entonces, lo cual hoy nos resulta problemático; es decir, el propósito del libro de Oseas no es mostrar cómo ganarse el amor de una mujer por la fuerza.

De todos modos, el problema fundamental de la metáfora matrimonial en Oseas está en que se utiliza el abuso como estrategia de rescate. Lo que este marido herido dice que va a hacer es tratar mal a su mujer para que vuelva a él: desnudarla y matarla de sed (2.4–5). Para completar, en ningún momento se le pregunta a ella si quiere la reconciliación (Connolly, 1998: 62). No menos problemático es el hecho de que el hombre de esta historia representa la justicia, y la mujer, la maldad. El texto, además, levanta la pregunta de si la representación de Israel como una mujer es en sí una forma de insulto, como se hace en otros textos del Antiguo Testamento (Leith, citado por Connolly, 1998: 64). ¿Es posible todavía recibir el mensaje de Oseas en un libro donde Dios es representado como un hombre vengativo y abusivo, al tiempo que Él mismo dice "soy Dios, no hombre" (11.9)? ¿A quién le podría resultar atractivo un Dios así?

Una propuesta para intentar solventar estas dificultades es separar el mensaje de su empaque y tomar distancia del empaque en el que el profeta ha puesto su mensaje:

> Profetas como Oseas y Ezequiel regularmente usan imágenes de Israel como una esposa infiel que merece el abuso y la humillación por su infidelidad. Aunque reflejan el trato a las esposas en el Israel antiguo, tales imágenes no son parte del mensaje profético que queremos afirmar de manera acrítica (Birch *et al.*: 2005).

Ojalá fuera así de fácil. Aunque el vehículo no sea el mensaje, se debe reconocer que la metáfora de Oseas es tan poderosa como chocante y que "ofende a tanta gente como a la que convence" (Connolly, 1998: 56). Un caso parecido es el uso de la esclavitud como metáfora para comunicar un mensaje de esperanza en Dios:

> *Como dirigen los esclavos la mirada*
> *hacia la mano de su amo,*
> *como dirige la esclava la mirada*
> *hacia la mano de su ama,*
> *así dirigimos la mirada al Señor nuestro Dios,*
> *hasta que nos muestre compasión.* (Sal 123.2, NVI)

¿Es esta una metáfora bonita? El mensaje de la imagen se comprende y su poder comunicativo se siente, pero, para que eso ocurra, se debe presuponer la existencia de la esclavitud como cosa normal y que el lector la conoce de cerca. Ese mundo ya no es el nuestro. ¿Ayuda en algo decir que el problema es del lector y no del texto? En algunos de nuestros países podemos hablar de "como espera el obrero que le den trabajo" o "que le paguen la semana". Esto mismo en otros países resultaría una imagen ofensiva y degradante, porque los obreros ganan buenos salarios y las leyes laborales se cumplen. Entonces sí importa el contexto socioeconómico de la metáfora, no sólo el histórico.

Aparte de los problemas relacionados con el abuso físico de la mujer, está el problema teológico de usar una relación problemática para comunicar un mensaje de parte de Dios. Es decir, "una relación humana defectuosa se eleva al plano divino" (Connolly, 1998: 59). También está el asunto de la mujer que depende totalmente del marido.

Como se ve, el asunto es complejo y Oseas no es el único en usar la metáfora del marido despechado con claros elementos de abuso.

El problema aquí es doble. Primero, que el marido despechado que maltrata a su mujer en esta imagen es Dios, y segundo, que algunos hombres podrían sentirse autorizados por la Biblia para tratar mal a sus mujeres, así como se ha usado también la imagen del Dios guerrero como licencia para oprimir a otros pueblos. En el caso de la toma de la tierra de otros en nombre de Dios, como se promete en Deuteronomio, se da inicio en Josué y se celebra en el resto del Antiguo Testamento (p. ej., Gn 26.1–5; Sal 78.54–55), se podría decir que es cuestión irrepetible. Esto no soluciona el problema palestino-israelí actual, pero, de algún modo, ayuda a nuestra comprensión del tema en la Biblia, ya que, a diferencia del antiguo Israel, la iglesia no está ligada a una tierra o país en particular; en Cristo, la santidad de la tierra es total. Con la metáfora de la pareja no pasa lo mismo, porque es un tipo de relación que permanece.

El uso de la metáfora matrimonial en Oseas es, pues, tan poderoso como problemático. A todo lo que hemos dicho hasta aquí, se suma el calificativo de prostituta. Todos estos inconvenientes son lo suficientemente serios hoy en día como para obstaculizar tanto la capacidad comunicativa de Oseas como el mensaje en sí. Sin embargo, el hecho de que Oseas y otros profetas hayan visto la imagen con buenos ojos y que nadie en su tiempo (que sepamos) se quejara de su uso, sugiere que tenían la capacidad de ponerle límites a la aplicación de la metáfora y que el texto no se presenta como un patrón para las relaciones matrimoniales ni es excusa para los que habitualmente maltratan a sus cónyuges. Los abusadores normalmente no necesitan sugerencias, pero sí es lamentable que encuentren excusas en la Biblia para la injusticia, la violencia y el maltrato, como ha ocurrido con la esclavitud, la poligamia y el latifundismo, entre otros abusos.

Aunque alguien no haya sufrido una traición amorosa en carne propia, por lo menos puede imaginarse lo que eso significa. Es decir, en mayor o menor grado todos entendemos la imagen del despecho. Tan común es esto que en el mundo existen diversos géneros musicales especializados en la comunicación de ese sentimiento. Y, lamentablemente, hay que decirlo, en algunas de estas canciones persiste la violencia y el abuso contra la mujer.

¿Se podría aplicar aquí la misma explicación que se usa para la imagen de Dios militar o rey soberano? Es cierto, como dice Birch, que nos molesta que algunas imágenes de Dios vengan en un formato que hoy nos resulta incómodo, especialmente porque, como hemos dicho, se han utilizado en la historia para legitimar muchas injusticias y violencias en nombre de Dios.

> Sin embargo, la verdad del texto es que Dios se opone de manera implacable a los poderes violentos de la opresión y la injusticia en el mundo. Para quienes son víctimas del poder opresor es importante confiar que hay un poder capaz de enfrentarse y derrotar los poderes brutales que deshumanizan, explotan, esclavizan y marginan. [Estos textos] no están fácilmente disponibles para quienes pueden blandir su propio poder violento en nombre de Dios.

Estos textos que se valen de la fuerza para comunicar un mensaje no son para el uso de los poderosos, sino para "los marginados, los que sufren, los que no tienen poder alguno para hacer frente a la violencia en su contra, pero que confían en que" el poder del Señor vencerá a sus enemigos (Birch *et al.*: 2005). Quizá esta y otras ideas nos ayuden a sobreponernos a la incomodidad que nos causa hoy la imagen, si al mismo tiempo recordamos que los abusos y violaciones son fuertemente condenados en la Biblia. También podemos ver estas imágenes como último recurso de la comunicación cuando al pueblo de Israel se le ha dicho de todo de muchas maneras y se ha resistido a escuchar.

Podríamos añadir que la presentación del mensaje de Oseas al inicio se equilibra con la imagen del padre que busca la reconciliación con su amado hijo hacia el final del libro (capítulo 11). Pero, siendo honestos, debemos reconocer que en el mismo capítulo la ternura desaparece porque el hijo ha decidido no obedecer a su padre (Connolly, 1998: 63–64).

En síntesis, una solución posible a estos problemas podría estar en una mejor comprensión de la metáfora y su uso. Si bien es cierto que los dos elementos comparados en una metáfora deben tener por lo menos una característica en común, normalmente no se los compara porque sean iguales o siquiera parecidos. El tenor de la metáfora de Oseas (al igual que Ezequiel y Jeremías) es el incumplimiento del pacto, y el vehículo para comunicar ese hecho es el adulterio; es decir, el pacto es un matrimonio (Adams, 2008: 297–98). "La diferencia entre este vehículo en particular y su tenor permanecen: la actividad sexual de la prostituta es legal, un trabajo socialmente tolerado, mientras que la actividad sexual de la adúltera es ilegal, severamente censurada por la comunidad (patriarcal), y no se considera un trabajo" (Adams, 2008: 300).

Galambush, por su parte, afirma que la prostitución es totalmente distinta del adulterio y que la prostitución se usa como metáfora de éste: el adulterio es prostitución (Adams, 2008: 299). Así, Israel es llamado metafóricamente "prostituta" por causa de su adulterio, que es otra metáfora; es decir, una metáfora encima de otra. Pero, originalmente lo que se compara es apostasía con adulterio, no con prostitución. Este punto es importante, porque no se puede deducir de aquí, como decíamos, el viejo argumento de la "prostitución sagrada", cuya existencia hoy es bastante cuestionada. De todos modos, en Oseas se usa más prostituta que adúltera, debido a que el primer término tiene más poder retórico, y no porque sean lo mismo (Adams, 2008: 301). Por ello, las referencias a prácticas de adulterio y prostitución en el culto no se deben leer de modo literal, sino como parte de la metáfora mayor que domina el texto.

Finalmente, vale la pena oír las palabras de Wolff a lo largo de su libro para revelar la hipocresía del pueblo de Dios. Quizá como forma de evadir el mensaje nos preguntamos indignados cómo se le ocurre a Dios ordenarle al profeta casarse con una prostituta. Tal parece que al pueblo de Dios le molesta la figura de la prostituta en este profeta, pero no le importa ser la prostituta.

Qué libro es este

Este libro se compone de seís capítulos más esta introducción y un excursus. Los capítulos 1 al 5 están dedicados a un tema relacionado con la corrupción, visto desde Oseas. Cada uno de éstos consta de cuatro partes. La primera se enfoca en textos de Oseas donde es prominente un aspecto de la vida de Israel en el cual la corrupción es prominente. Enseguida, se considera un texto narrativo en el que se presenta el problema señalado por Oseas. En tercer lugar, figura un salmo donde el orante expresa a Dios una oración sobre el tipo de corrupción específica tratada en el capítulo. Finalmente, propongo algunas reflexiones sobre la teología y la práctica cristiana con respecto a la corrupción específica tratada en cada capítulo. Los temas se presentan de esta manera como una sugerencia para el culto cristiano. En el capítulo 6 presento algunas reflexiones sobre una teología anticorrupción y sobre el problema de la separación entre lo sagrado y lo secular en el culto y la educación teológica.

Una de las razones por las que he incluido la parte histórica es esencialmente para contrarrestar la tendencia que se observa entre algunos predicadores y maestros de convertir todo el texto bíblico en "principios y valores" atemporales desprovistos de todo contexto. Ese acercamiento tiene su utilidad y su lugar. Sin embargo, no hace justicia al texto sagrado, ya que este se nos presenta como revelación de Dios, a quien no podemos reducir a principios y valores. Otra razón es que esa revelación de Dios se da en la vida de un pueblo en la historia, el cual tampoco puede ser reducido a principios y valores. Es decir, la revelación de Dios no se debe entender aparte de la historia del pueblo de Dios (Birch, 1991: 53–56), a la cual, si bien no la conocemos a la perfección, sí podemos aproximarnos en algunos aspectos importantes. Nuestra forma de vivir en el mundo no puede fundamentarse en abstracciones atemporales desprovistas de humanidad. Por ejemplo, no es lo mismo decir "Dios proveerá" que conocer la provisión divina en la historia de Rut y Noemí. Además, como veremos a lo largo del libro, si existe un principio fundamental para la moral cristiana es el de la imitación de Dios, cuyo actuar lo conocemos por los relatos bíblicos, no en forma de principios ni valores genéricos y abstractos.

He incluido los salmos porque la vida del pueblo de Dios incluye la piedad. Estos nos ayudan a ver ejemplos concretos de cómo el culto es un lugar propicio para responder a los males sociales; el trámite teológico y piadoso se hace en el culto. Como lo dijo Ogletree, "[u]na ética religiosa que haya sido abstraída completamente del culto es una ética religiosa sin sustancia histórica y social" (citado en Birch, 1991: 163). A los evangélicos latinoamericanos, que practicamos la oración espontánea como única forma de oración, nos haría bien aprender de los modelos bíblicos, no solamente porque nuestras oraciones espontáneas a la postre terminan siendo repetitivas, sino debido a que las oraciones maduras, que han pasado la prueba del tiempo y del uso, probablemente tengan más sustancia que aquellas que nosotros podamos inventar en un santiamén. Con esto, tampoco quiero sugerir la eliminación de las oraciones espontáneas de nuestro culto. Eso en América Latina jamás va a ocurrir, y está bien. Se trata, más bien, de una invitación a buscar formas de cómo se puede enriquecer nuestro culto a partir del contenido y las prácticas registradas en la Escritura.

¿Qué podría ser mejor que la misma palabra de Dios para ayudarnos en esos propósitos?

Dice el viejo adagio de la iglesia que ésta cree lo que ora (*lex orandi lex credendi*). Pero lo que la iglesia oraba en la antigüedad con los salmos y los himnos, hoy ha sido reemplazado por coros y cantos, muchos de ellos con pocas palabras que se repiten sin cesar y en ocasiones con poca sustancia y centrados en el orante. El Libro de los Salmos es el libro del Antiguo Testamento más citado en la literatura judía de Segundo Templo y en el Nuevo Testamento. Esto ocurre porque se usaba permanentemente en el culto en el templo, en la sinagoga y en la piedad personal. Los cristianos siguieron esa misma tradición. Aunque se podría afirmar que todos los libros del Antiguo Testamento están escritos para el oído y que su arte literario facilita el recuerdo, el salterio es especial, pues se trata de "una antología de textos sagrados diseñados para ser memorizados" (Wenham, 2007: 287).

Vale la pena extendernos todavía más en el asunto, dado que el poco uso de los salmos en el culto comunitario y la piedad personal a veces está limitado a unos cuantos, especialmente a los de "alabanza y adoración" y a algunos "clásicos" (Sal 1, 23, 91). El profesor Wenhan sostiene que los salmos han ocupado un lugar prominente en el culto cristiano, y que el reemplazo que se ha hecho por canciones producidas recientemente ha significado una pérdida enorme para la iglesia, precisamente porque ésta cree lo que ora y canta. De interés particular para Wenham es la instrucción ética de la que los creyentes se pierden al haber eliminado los salmos del culto comunitario (Wenham, 2007: 280).

Si bien los estudios académicos de los salmos nos han ayudado enormemente a entender los contextos en los que probablemente surgieron y se utilizaron, también es cierto que su aplicación nunca ha estado estrictamente limitada a la historia del origen de cada uno. Por tratarse de oraciones que expresan a Dios el sentimiento del creyente, "no importa si el salmista literalmente enfrentaba una persecución o una enfermedad, o si usaba imágenes de una situación para describir otra. La ausencia de precisión abre los salmos a un amplio espectro de situaciones e invita a los lectores a hacer suyos esos sentimientos" (Wenham, 2007: 290).

En la medida en que el creyente haga suyas las palabras de los salmos, se compromete con Dios con lo que dice; de ahí su valor ético para la vida de los creyentes. No son palabras que se pueden decir a medias; nos invitan al compromiso con una vida que Dios aprueba (Wenham, 1985: 294). Los salmos son únicos en la amplia variedad de géneros literarios en las Escrituras. Algunos expresan una forma de piedad que nos incomoda y no practicamos: hablarle a Dios de nuestra integridad y de las cosas buenas que hemos hecho (p. ej., Sal 26). Algo parecido se encuentra en Deuteronomio 26, donde el creyente recibe instrucciones de lo que debe decir exactamente en cuanto a las implicaciones éticas de su adoración.

El capítulo final de este libro es un intento por atar algunos cabos que habrán quedado sueltos en los capítulos 1 al 5 y proponer caminos en la lucha contra la corrupción. Naturalmente, ninguna de estas propuestas será definitiva, ya que hasta la fecha nadie ha encontrado una fórmula por medio de la cual un mayor número de conversiones en un país resulte en una disminución apreciable de la corrupción en una nación entera. En el capítulo final, haré algunas propuestas sobre la importancia de incluir la corrupción y otros temas sociales tanto en la predicación como en la educación teológica. Según algunos estudios, ahí está parte del problema; desde los púlpitos se habla principalmente de Dios y de la piedad personal; la educación teológica, por su parte, se concentra en la teología sin muchas veces considerar seriamente sus implicaciones para la vida de los creyentes en sociedad y en relación con sus profesiones. Esto está cambiando, pero apenas en círculos reducidos. Estas ideas finales se presentan como intervención en una conversación.

En este libro enfatizaremos la relación del creyente con las diversas manifestaciones de la corrupción en nuestra sociedad. No es mi interés hacer listas de denuncias con nombres y apellidos, por dos razones fundamentales: primero, porque para denunciar algún caso de corrupción, es necesario conocer los hechos desde dentro y con detalles seguros; y segundo, debido a que se necesita una plataforma desde la cual denunciar. Como no cumplo con ninguno de esos requisitos, entonces lo mejor es dejar esa tarea a muchos otros que sí los cumplen, entre ellos personas honestas, incluidos periodistas y funcionarios públicos, sean creyentes o no que permanentemente están denunciando. Sin embargo, no todo el que denuncia lo hace por honesto, como ocurrió con un miembro del cartel del papel higiénico, que lo hizo para que le perdonaran la multa; es decir, traicionó a sus cómplices, cosa que todo delincuente debería prever, pero la avaricia causa torpeza y ceguera.

Capítulo 1

Oseas denuncia la corrupción en las Fuerzas Armadas

Introducción: La complejidad del sentimiento bíblico hacia los ejércitos

En este capítulo me ocuparé de la corrupción en las Fuerzas Armadas de Israel, denunciada por el profeta. El tema militar en el Antiguo Testamento es recurrente y además complejo. Por ello, antes de considerar la palabra del profeta, me referiré brevemente a las diversas actitudes registradas en el Antiguo Testamento en cuanto a los ejércitos.

Por la complejidad del tema, el propósito de una sección tan breve como esta necesariamente deberá ser modesto. En primer lugar, notaremos algunos rasgos generales del tema militar en el Antiguo Testamento. Luego, entraremos a la profecía de Oseas contra Jehú, notando la historia, la forma de la denuncia y la aparición del tema militar en la oración. Finalmente, propondré una conclusión con algunas ideas para la reflexión personal y comunitaria. Con esto, pretendo demostrar dos cosas: que la corrupción de las Fuerzas Armadas es tanto grave como inaceptable y que, desde la perspectiva bíblica, es necesario pensar en las causas de los problemas antes que en las soluciones armadas.

A excepción de las iglesias menonitas, los cristianos históricamente han defendido la legitimidad de la existencia de las Fuerzas Armadas, la participación de los cristianos en ellas y el concepto de la guerra justa. Sin embargo, se debe reconocer que esta legitimidad pocas veces se cuestiona y, peor todavía, ha existido entre los cristianos una aprobación casi automática de las guerras que emprenden las Fuerzas Armadas de su país. Si bien el tema es complejo y no lo vamos a resolver aquí, vale la pena resaltar a continuación cinco realidades sobre el tema militar en el Antiguo Testamento. Esto nos servirá de marco general para leer el caso que trata Oseas al inicio de su profecía.

1. Dios es descrito en el Antiguo Testamento como "guerrero" y "Señor de los ejércitos". El libro del Éxodo celebra la destrucción del ejército egipcio por parte de Dios así: *El Señor es un guerrero, su nombre es el Señor* (*ʾăḏōnāy ʾîš milḥāmâ ʾăḏōnāy šəmô*; Éx 15.3). Con estas palabras el texto afirma que el oprimido tiene en Dios quien lo defienda. El lenguaje será metafórico, pero está cargado de una teología que se entiende desde la historia: "A Yahvé se le conoce desde el comienzo como a un Dios comprometido con el establecimiento de una justicia concreta en el ámbito sociopolítico de un mundo donde el poder está masivamente organizado contra ella" (Brueggemann, 2007: 773). No es casualidad entonces que el Éxodo sea uno de los eventos paradigmáticos del Antiguo Testamento para la comprensión de la historia de Israel y de Dios mismo.
2. En consonancia con lo anterior, los reinos de Israel y Judá contaban con ejércitos debidamente constituidos, con sus guerreros, sus rangos y sus guerras (y bueno, también con intrigas, traiciones, golpes de Estado y corrupción). De modo que no es extraño que el texto bíblico celebre cuando David se inicia como guerrero al derrotar a Goliat y se consagra en las artes bélicas cuando conquista Jerusalén.
3. Sin embargo, en el Antiguo Testamento a los militares se les imponen límites claros. Ningún militar tiene licencia para matar según le convenga. Por ello, al David heroico y sin igual se lo condena de manera inequívoca y severa cuando usa su propio ejército para asesinar a Urías, el marido de Betsabé (1S 17.1–58; 2S 5.6–16; 11.1–27). Además, la historia de David muestra la situación debilitada y comprometedora en la que queda el gobernante que ha usado al ejército para cometer actos delictivos. Joab, el general, fue cómplice del gobernante en este asesinato (2S 11) y de ahí en adelante David estuvo a merced de su general (2S 19.1–9).

Junto con lo anterior, es necesario hacer por lo menos cinco salvedades con respecto a la existencia del ejército y el uso de la fuerza:

a. El caso de Josué es único e irrepetible. Se debe sospechar de cualquier apropiación de esta historia (¡como se ha hecho tantas veces!) para salir a poseer territorios de otro.
b. Israel no es expansionista.
c. No toda guerra es legítima (Am 1.11).
d. Dios es quien da la victoria a los israelitas desde la debilidad militar (Éx 14.30; Sal 146 y 147).
e. Además de las afirmaciones explícitas, hay suficientes historias de derrotas y de ridiculización de los militares, que delatan una crítica sostenida de lo bélico (2 Crónicas 28; todo el libro de Reyes; p. ej. 2 Reyes 3; 6.22). Es abundante el desjarrete de caballos y la destrucción de carros y jinetes.

4. En los salmos encontramos sentimientos bastante diversos hacia las Fuerzas Armadas: a) Dios contra las guerras (Sal 46.9; 68.30; 76.3–5); b) el guerrero como símbolo positivo, adiestrado por Dios (Sal 127.4; 144.1 [cp. Pr 20.18]); y c) el desprecio de Dios hacia los ejércitos por la falsa seguridad que generan y por los abusos que cometen quienes portan armas (Sal 147.10).
5. En síntesis, el Antiguo Testamento da por sentada la existencia de los ejércitos, cuyas espadas no son de adorno; denuncia el abuso que cometen los militares (cp. El Espectador, 2015); condena la confianza en los ejércitos como forma de idolatría; e invita al pueblo de Dios a aspirar a una vida mejor (Is 2.4; Mi 4.3), es decir, a invertir los recursos de la nación en la promoción de la vida y el bienestar del pueblo. La meta última de la sociedad bíblica es que las armas se conviertan en instrumentos de trabajo, es decir, que la tecnología se use para promover la vida, no para quitarla, y que no haya más guerras (Is 2.2–5; Mi 4.1–5; Os 2.18; Sal 46.8–10).

La denuncia de la corrupción de las Fuerzas Armadas

Detalles generales del libro

Antes de entrar en la denuncia que hace Oseas de las Fuerzas Armadas, es necesario considerar algunos detalles generales sobre el libro de Oseas y los problemas de idolatría e injusticia de su tiempo, mediados del siglo VIII antes de Cristo. Los primeros capítulos son una especie de *reality show* cuyo fin es mostrarle a Israel, entre otros, un aspecto de lo que significa ser Dios. En este *reality* actúa una familia integrada por personas que tal vez no se habrían juntado por su propia cuenta: un profeta con una prostituta. Los hijos de esta pareja tienen unos nombres carentes de los buenos deseos normales de cualquier padre o madre. Y, para colmo, el mensaje viene empacado en una conducta prohibida por Dios, pero tiene como fin mostrar el amor de Él: amar a una prostituta y formar con ella una familia. Incómodo y todo lo demás, pero aquí radica una parte esencial del mensaje de Oseas: la prostituta puede ser redimida. Tratar a la prostituta como desechable quizá señale que el lector no ha entendido el amor de Dios por la humanidad, tema de una gran claridad en el evangelio.

Por lo anterior, en el libro de Oseas el sentimiento y la emoción son especialmente marcados, tanto de Dios como del profeta que lo representa en un sentido muy real. Ambos se duelen por lo que ven, lo que viven y por lo que viene. Se ha dicho que la emoción indisciplinada y descontrolada de Oseas estropea la poesía; que carece de la "expresión sublime" que se produce en situaciones de "concentración extrema" (Buss, 1969: 37–38). Sin embargo, se podría considerar que ese supuesto descontrol es precisamente parte de lo poético en la medida en que acompaña al sentimiento de despecho que el libro quiere comunicar. Además, aparte de que a la poesía le encanta romper esquemas, tampoco sabemos qué esquema habría roto. Sea como fuere, lo cierto es que los académicos en general reconocen más cohesión en los tres primeros capítulos del libro que en el resto.

Aparte de la metáfora del matrimonio en los capítulos 1 al 3, no se percibe en Oseas la estructura interna que el lector espera encontrar en un libro; tampoco hay abundancia de fórmulas proféticas. El libro se compone de fragmentos pequeños sin conexión evidente. Esta falta de orden aparente se puede leer de dos maneras: criticar lo que nos parece un desorden o aceptar que hasta la fecha no ha sido posible identificar el género literario de Oseas, lo cual no es falsa modestia ni falta de trabajo, sino aprender de la historia de la interpretación de otros libros de la Biblia, como Jueces, p. ej., que en un principio se consideraron faltos de estética y ahora no. La situación es que desconocemos a ciencia cierta cuál es el principio con el que se coleccionaron y organizaron estas profecías. Sin embargo, las partes independientes constituyen unidades literarias alrededor de imágenes y términos que se repiten, con algunas aliteraciones y asonancias. Nos interesa aquí concentrarnos en lo que está claro. Nadie pone en duda la persistencia de la idolatría y la injusticia, por ejemplo.

Idolatría e injusticia

De entre los muchos males que denuncian los profetas del Antiguo Testamento, sobresalen dos grandes que prácticamente abarcan todos los demás males: la idolatría y la injusticia. Se trata de prácticas que afectan la totalidad de la vida y las relaciones. Para poder entender el mensaje de Oseas contra la corrupción en las Fuerzas Armadas, es necesario repasar brevemente algunos detalles de la historia de Israel.

Para poder seguir adelante, es necesario aclarar en este punto algunos asuntos relacionados con el uso de los nombres "Israel" y "Judá" que podría prestarse para confusión. Judá es el reino del sur. Israel es el reino del norte, pero también se refiere a todo Israel antes de la división y a Judá a partir del exilio. La división norte-sur ocurrió por causa de los impuestos exagerados, conocidos en la Biblia como "el yugo pesado" con los que Salomón asfixió a los habitantes del norte (1R 12.4). Su hijo Roboam quiso aumentar el peso del yugo con más impuestos, desestimó la queja de los habitantes del norte, se dio el cisma y quedó Roboam como rey del sur (Judá) y Jeroboán como rey en el norte (Israel, también llamado Efraín). De los dos, el norte siempre fue más grande, más rico, más poblado y más poderoso militarmente. Sin embargo, cayó primero; quizá simplemente por estar en el norte, es decir, primero en el paso de los imperios de Asiria y Babilonia, camino al sur.

Una vez establecida la división en dos reinos, la primera decisión política de Jeroboán fue construir dos sitios de culto en dos puntos extremos de la geografía de Israel (Betel y Dan) con el fin de eliminar para sus súbditos la necesidad de acudir al templo de Jerusalén. Un segundo momento importante de esta historia es la construcción de Samaria como sede del gobierno durante el reinado de Omri (886–875 a. C.). El tercero es la oficialización del culto a Baal durante el reinado de Acab (875–853 a. C.) y su mujer Jezabel, de origen fenicio. Es decir, con la dinastía de Omri-Acab se afianza lo que empezó Jeroboán cuando se dividió Israel. Aunque Jeroboán inicialmente no hubiera tenido la intención de promover la idolatría, como sostienen muchos académicos, sus jugadas político-religiosas a la postre desembocaron en eso.

El libro de Reyes denuncia de manera sistemática la idolatría y la injusticia que cometieron los reyes; presenta estos males como las dos caras de una misma moneda. Los mismos que instituyeron y defendieron el baalismo en Israel (1R 18) son los protagonistas de los casos más graves de injusticia, corrupción y homicidio, como lo muestra el caso de Nabot, en el que se combinan las formas más graves del gobierno corrupto; es decir, la utilización de las instituciones, el poder del rey, y las actividades de culto y fe para asesinar a un individuo del común con el fin de quitarle su tierra (1R 21). Los libros de Reyes, Oseas, y los profetas en general, comunican que Dios se opone tanto a la injusticia como a la idolatría. Y contra ambas cosas hablaron muchas veces de manera airada por la indignación que les producía

La respuesta de Dios a la idolatría y la injusticia

La estrategia de Dios para responder a este par de males es también doble. La idolatría se combate con profetas y la injusticia con soldados. En los tiempos de la dinastía de Omri, los profetas son Elías y Eliseo (1R 17–2R 8) y el general es Jehú (2R 9–10; 1Cr 22.7–9). Así parece, pero en realidad los campos de acción de estos personajes no están tan claramente demarcados. Los profetas se inmiscuyen en cuestiones políticas, y los militares, en las religiosas.

Jehú es un individuo cruel y despiadado. Liverani lo llama "integralista" por su "odio implacable" y el "grado de crueldad que excede las estrategias normales del cambio de dinastía en el antiguo oriente" (Liverani, 2005: 110). Mató a Joram, su madre Jezabel fue tirada por una ventana y dejada allí de comida para los perros; los setenta hermanos de Joram fueron igualmente asesinados, y sus cabezas amontonadas en una pila frente a la puerta del palacio real. El resultado de esta intervención divina es que murieron muchos profetas de Baal y que se acabó la dinastía de Omri-Acab, pero el mismo texto bíblico revela que no desaparecieron ni la idolatría ni la injusticia. La denuncia de estos hechos se hace décadas después en Oseas y siglos más tarde cuando se escribió el libro de Reyes, pero se hace de todos modos. Es un tema demasiado importante como para ignorarlo.

La denuncia y el método bíblico para recordarla

Cuando pensamos en el profeta Oseas, normalmente recordamos de inmediato el asunto inusual de su mujer prostituta. Sin embargo, el primer tema del que se ocupa este profeta no es matrimonial, sino militar, y más exactamente de la persona y las acciones del general Jehú. Pero, antes de ocuparnos de Jehú, necesitamos refrescar un poco la historia, ya que Oseas da por sentado que el lector la conoce. Para la comprensión de la denuncia de Oseas los lectores actuales dependemos del libro de Reyes.

Una cosa es predicar un mensaje y otra es que se recuerde el mensaje. La marca fundamental de la literatura que perdura es el arte literario. De ahí que los escritores bíblicos, por su cultura literaria, jamás predicaron de cualquier manera. Notemos cómo aparece en Oseas el arte literario para referirse al tema militar (1.2–4).

En primer lugar, se utiliza una costumbre común en el mundo bíblico según la cual a los hijos se les ponían nombres significativos que tuvieran relación con la historia familiar, las circunstancias del momento o el carácter de la persona. En este caso, la forma como Dios inmortaliza la infamia del general Jehú es pidiéndole a Oseas que le ponga a su primer hijo el nombre Jezreel; es decir, el nombre de ese valle fértil y hermoso en el norte de Israel que Acab y su mujer (los idólatras) y Jehú (el falso ortodoxo) convirtieron en valle de sangre. Esto es como si en Colombia, con el fin de denunciar alguna masacre, a un hijo se le pusiera por nombre Apartadó, Tibú, Gabarra, Barrancabermeja, Fundación, Mapiripán, Escombrera o Bojayá. ¡Qué manera de recordar! Nuestra tendencia es a hacer lo contrario, les cambiamos los nombres a esos lugares y quitamos objetos y edificaciones para olvidar lo que ocurrió. A Oseas le toca ir al extremo de ponerle a su hijo el nombre del lugar de la tragedia.

En segundo lugar, el texto presenta un fenómeno literario, también común en la Biblia, que consiste en una sanción dada en la misma especie del mal cometido. Así, entonces, para poner fin al reino de Israel, que ha idolatrado a su ejército, Dios le quebrará el arco en el valle de Jezreel. Para reforzar esta imagen, aparece en los capítulos 1 al 3 una acumulación de lo que Landy llama "objetos odiosos": arco, espada, armas de guerra, caballos y jinetes (Landy, 2011: 20). De esta manera, se van acumulando varios elementos en torno al lugar geográfico llamado Jezreel.

Siguiendo con su estrategia retórica, aparece en tercer lugar un mensaje con una lógica y un sentido a los cuales no estamos acostumbrados: la destrucción de las armas para poder dormir tranquilo (2.20). Esta realidad nos resulta inimaginable, pues va contra la doctrina común hasta nuestros días de que la seguridad de una nación está en un gran ejército, y también contra la idea de que es mejor dormir con un arma debajo de la almohada. El libro de Oseas pone esa mentalidad en tela de juicio. Está demostrado que las armas pueden servir de protección sólo en algunos casos; nunca protegen del todo, de tal manera que, a fin de cuentas, se halla tan (des)protegido el que tiene armas como el que no las tiene. Esto, obviamente, es muy discutible, pero en realidad no es el punto. El mensaje para Israel es otro y doble. Por un lado, es una invitación a confiar en Dios, no en los ejércitos y sus armas. Por otro, lo conmina a preguntarse de qué le sirve un ejército si las armas que portan terminan siendo usadas contra su propio pueblo.

La cuarta estrategia retórica que reconocemos en Oseas en relación con este tema tiene que ver con la agricultura. La noble tarea de producir alimento se invierte para dejarnos con el "agricultor" perverso que ara maldad, cosecha delitos y come alevosía (Os 10.13–15). De esta manera, denuncia Oseas la corrupción de las Fuerzas Armadas de Israel.

Ley, historia y oración

El problema con Jehú es relativamente sencillo, pero tiene varios componentes. En síntesis, su falta fue no haberse apartado de la idolatría y la injusticia a las que supuestamente estaba combatiendo. No cumplió la ley de Dios, terminó cometiendo los mismos males de los peores reyes de Israel (Jeroboam), perdió una buena parte del territorio de Israel a manos de los sirios (2R 10.25–33) y (un detalle que no registra la Biblia) le pagó tributo a los asirios, como consta en el Obelisco Negro que hoy reposa en el Museo Británico en Londres.

De la muerte de Jehú hasta los tiempos de Oseas han pasado no menos de sesenta años. Es decir, su mensaje sobre Jehú es para una generación que no conoció a éste. Ocurre que, si bien a Jehú no pueden condenarlo en persona por sus delitos, se le hace un juicio histórico y político. Se revive el caso por su importancia histórica, teológica y cultural. Dios y su profeta no han olvidado los delitos de Jehú, quien, por cierto, tenía dos credenciales fuertes a su favor: era comisionado por Dios y la tarea que le encomendaron fue contrarrestar males graves. Pero, según el profeta de Dios, ni lo uno ni lo otro le daba a Jehú licencia para abusar del poder de las armas. Se excedió y quiso mostrar más resultados de los que le habían pedido. En pocas palabras, usó la unción para ensuciarse de sangre.

En la perspectiva bíblica, la comisión legítima de erradicar un mal le impone al militar una ética muy sencilla: abstenerse de cometer el delito que le mandaron a erradicar. Sin embargo, como suele ocurrir, Jehú hizo lo contrario, terminó masacrando otra cantidad de gente que nada tenía que ver en el asunto. Quizá le encontró gusto a eso de matar o pensó que un mayor número de muertos se interpretaría como señal de eficacia y mayor celo por cumplir la ley Dios, sin importarle quiénes fueran las víctimas.

El libro de Deuteronomio contiene algunas instrucciones puntuales en lo relacionado con el tamaño y los propósitos del ejército. Aunque breves, estas directrices tienen una gran utilidad en cuanto a la forma como se concibe la existencia y la necesidad de un ejército para Israel. En primer lugar, al rey se le imponen unos límites en lo referido al poderío militar, el cual en la antigüedad lo representaba el caballo: el rey no deberá adquirir gran cantidad de caballos porque es símbolo del poder opresor que Israel sufrió en Egipto (Dt 17.16). Ése es un camino que Israel no debe tomar: el de imponer el orden por la fuerza de las armas. Se podría pensar en dos razones para esta norma: primero, invertir en justicia social hace que no sean tan necesarias las Fuerzas Armadas para usarlas contra los ciudadanos propios, y, en segundo lugar, un ejército poderoso termina convirtiéndose en ídolo, puesto que se convierten en la fuente de seguridad. Sabemos que una fuente de seguridad distinta de Dios se define en la Biblia como idolatría.

A veces la preocupación por los asuntos morales del matrimonio de Oseas con una prostituta distrae al lector a tal punto que no le deja ver el mensaje del profeta contra la corrupción de la nación, lo cual es precisamente el objetivo de este matrimonio, mostrar la corrupción: "Dios convierte la vida del profeta en una alegoría suya". Lo que para Dios es una metáfora, para el profeta es una realidad. ¿Por qué?, pregunta Landy: "Quizá en este trance un público percibirá, más allá de las palabras, una imagen de sí mismo y un indicio de lo que es ser Dios". Oseas es único entre los profetas en cuanto a que le toca hacer el papel de Dios (Landy, 2011: 15), lo cual mete a Dios en un lío, pues resulta casado con una prostituta y ha tenido hijos de la prostitución. Una muestra de estos hijos es el general Jehú y el ejército que comandó.

Una de las marcas de la Sagrada Escritura es contar y preservar la historia de Israel de manera autocrítica. Jehú no solamente combatió la idolatría, sino también la injusticia, pues vengó la muerte de Nabot y sus hijos, a quienes Acab y Jezabel habían asesinado para quitarles sus tierras (2R 9.26). El lector de 2 Reyes quizá se alegre de ver que Dios hace justicia y que la muerte de Nabot no ha quedado impune. Jehú tranquilamente pudo haber pasado a la historia como el paladín del culto al Señor, pero no fue así, pues se excedió, se extralimitó y Dios ni los profetas lo olvidaron. Jehú cruzó la raya de las labores militares legítimas y pasó al asesinato. Ésta es la corrupción de las Fuerzas Armadas y del corazón de quienes abusan del uniforme y las armas, y encuentran en ellos la fuente de seguridad y la solución a los problemas sociales.

La conclusión de Arias Trujillo con respecto a la importancia de la historia en el caso colombiano es que

> hay una marcada tendencia a olvidar ciertas memorias, ciertos recuerdos: la de los vencidos, la de las víctimas. Pero si el duelo no tiene oportunidad de realizarse, si se oculta la verdad, si los culpables no reciben sanción alguna, es difícil pensar en una verdadera reconciliación. En otras palabras, si la memoria oficial no es una memoria común, colectiva, nacional, en la que las víctimas puedan reconocerse, las cuentas con el pasado constituyen un pesado lastre para encarar el presente y el futuro. (Arias, 2011: 198)

Habiendo visto ya la denuncia del profeta Oseas contra la corrupción en las Fuerzas Armadas, dedicaremos un espacio breve para notar cómo aparece el tema de la corrupción de estas en la oración. Normalmente pensamos en los salmos como hermosas alabanzas a Dios, que está en el cielo entre querubines. Pero, cuando los leemos todos, nos damos cuenta de cuánto y cuántos se ocupan de los temas de la tierra, como la corrupción. Es decir, la piedad bíblica tiene los pies sobre la tierra porque a Dios le interesan esos temas, y mucho. Podríamos decir que algunos salmos promueven una adoración en tono profético.

Parte de lo que dice el texto de Oseas con respecto al tema militar está expresado en forma de oración en el Salmo 147. De éste resaltamos solamente tres aspectos: 1) el Señor sustenta a los humildes, y humilla hasta el polvo a los malvados; sustenta la creación, las plantas y los animales (v. 6); 2) a Dios no le impresiona el brío de los caballos ni estima la agilidad del hombre (v. 10); y 3) Dios tiene en alta estima a quienes le son fieles y confían en su lealtad (v. 11). De esta manera, se pone en evidencia la tentación que tenemos los seres humanos de confiar en el poder engañoso de las armas.

El Salmo 147 interpela al lector de una manera contundente y lo invita a preguntarse si tiene la capacidad de pensar en las causas de los problemas sociales antes de pensar en las soluciones de éstos por la vía de las armas. Le pregunta también al orante si tiene la capacidad, cuéstele lo que le cueste, para la crítica y para distanciarse de las instituciones legalmente constituidas cuando han cometido abusos y atrocidades, como hizo Jehú, en nombre de la justicia, del orden y de Dios. Las reflexiones a las que nos invita la Sagrada Escritura sobre estos temas podrían costarnos cambios radicales en la forma de pensar, y decisiones que para algunos representarían pérdidas en el plano social y económico. Quizá por eso muchos guardan silencio ante los delitos cometidos por las Fuerzas Armadas.

Conclusión

En continuidad con el Antiguo Testamento, en el Nuevo también se supone la existencia de los ejércitos de los pueblos; tampoco se prohíbe la presencia de creyentes en ellos. Por eso, Juan les dice a unos soldados que responden a su mensaje, que cumplan con su deber y no abusen del poder que dan las armas y los ejércitos (Lc 2.14).

Jesús no tuvo inconveniente alguno en sanar al siervo de un centurión romano que era piadoso, y que por su piedad había construido una sinagoga para los judíos. Más aún, lo exalta por su fe y dice: "… ni siquiera en Israel he encontrado una fe tan grande" (Lc 7). También encontramos en el Nuevo Testamento el caso de un guardián de una cárcel quien cree en Jesucristo y se bautiza junto con toda su familia. No se dice que al creer en Jesús haya abandonado su trabajo.

Lo que muestra el caso de Jehú es que toda institución humana es susceptible a la corrupción por el simple hecho de estar compuesta de seres humanos. Las Fuerzas Armadas son especialmente susceptibles a la corrupción por el simple hecho de estar compuesta de seres humanos armados. Es decir, toda sociedad necesitará correctivos permanentes, eficaces y oportunos para que quienes son miembros de las Fuerzas Armadas no se extralimiten en sus funciones. Si bien prestan un servicio a la sociedad y en muchas ocasiones arriesgan sus vidas para poder hacerlo, también es cierto que no lo hacen de gratis y en muchos países tienen privilegios especiales (como la pensión en la mitad del tiempo exigido a los demás, preferencia en aerolíneas, descuentos y demás). Proponemos a continuación cuatro reflexiones a la luz de los textos bíblicos examinados.

Primero que todo, del Antiguo Testamento aprendemos que, aunque la existencia del ejército se da por sentada, no tiene permiso para el abuso. Por ello, el profeta Oseas saca a la luz de manera clara y decisiva los abusos cometidos por el general Jehú, aunque los había cometido sesenta años atrás. El libro de Reyes lo registra en el periodo del exilio, ¡dos siglos después! Cuando las sociedades pasan por alto la corrupción y los abusos que cometen las instituciones armadas, se convierten en lo normal, es decir, llegan a formar parte de la cultura. Y cuando una cultura está marcada por la corrupción, sí que es difícil cambiarla.

El caso de Jehú muestra que no todo vale. Fue condenado por haber violado su cometido, por ir más allá de lo que se le mandó, por excederse. Es cierto que, de entrada, al ungirlo como rey, las instrucciones fueron de acabar con la familia de Acab por completo. ¿Qué más podría haber hecho un guerrero con semejantes instrucciones? Además, las instrucciones son bastante gráficas: "Los perros se comerán a Jezabel en el campo de Jezrel, y nadie le dará sepultura" (2R 9.10).

Nada de eso lo podemos negar. Sin embargo, en la Biblia, hasta este tipo de misiones tienen límites. Oseas y el mismo libro de Reyes condenan a Jehú por dos motivos: por extralimitarse y por practicar el mismo mal que tan decididamente combatió. Jehú representa el caso típico del que mata inocentes para demostrar su compromiso con la erradicación de los violentos. Tales individuos todavía existen.

En segundo lugar, está claro que todos los seres humanos desearíamos vivir seguros y tranquilos. La Biblia tiene imágenes abundantes que apuntan en esa dirección. Sin embargo, debemos preguntarnos qué precio estamos dispuestos a pagar por la seguridad y la tranquilidad. Ese precio será expresión de nuestra teología. En la teología del Antiguo Testamento, la confianza en los ejércitos es denunciada como forma de idolatría. Es más, significa ser como los egipcios, que utilizaron el poder militar para subyugar a los israelitas y someterlos a trabajos forzados. Poner la confianza en el ejército es, pues, "volver a Egipto" (Dt 17.14–21).

Desde Oseas se vislumbra una sociedad donde la meta no es el armamentismo: ... *aquel día haré en tu favor un pacto con los animales del campo, con las aves de los cielos y con los reptiles de la tierra. Eliminaré del país arcos, espadas y guerra, para que todos duerman seguros* (Os 2.18). Hoy diríamos "fusiles, tanques y aviones". Ésta es la seguridad y el sueño tranquilo, sin armas: *En paz me acostaré y asimismo dormiré, porque tú, Señor, me haces vivir confiado* (Sal 4.8). Los discípulos de Jesús, como muchos cristianos hasta el día de hoy, enfrentaron la pregunta sobre el precio y la forma en que una sociedad puede alcanzar la paz y la libertad. El final de Oseas 1 abre la esperanza a la conversión, lo cual vemos en los discípulos después de la resurrección.

En tercer lugar, la Sagrada Escritura en realidad no exige el desmantelamiento de los ejércitos, pero sí invita a los creyentes a aspirar a una vida mejor, una vida en la cual las armas se conviertan en herramientas para trabajar el campo, para dar vida (Is 2.4; Mi 4.3). Siendo un poco creativos, quienes no tengan armas de metal, podrían pensar en las digitales, en la energía física, los talentos, los años de vida, todo lo que se pueda usar para promover la vida, especialmente la de los demás.

Finalmente, el caso de Jehú se da en el marco de la lucha de la fe en el Señor, Dios de Israel, contra el baalismo, como lo muestra claramente el ministerio de Elías. Los muertos de Jehú no son profetas, sino los patrocinadores de los profetas: la familia real de Israel, los miembros de la dinastía Omri-Acab en el reino del norte.

La visión escatológica de Oseas contempla un mundo en el cual la seguridad se obtiene con la destrucción de las armas (Os 2.18; 1.7). Jehú, y quienes piensan como él, no creen que tal mundo es posible. Por ello, textos como éste y tantos otros del Antiguo Testamento se pronuncian inequívocamente contra el armamentismo sugiriendo que Israel ha puesto su confianza en los ejércitos como fuente de seguridad y solución a sus problemas. Aun a la mayoría de los cristianos, que tanto hablamos de reconciliación, nos resulta impensable, por la falta de imaginación moral (diría Lederach) y de comprensión del evangelio del reino de Dios (diría yo), la posibilidad de un mundo sin armas. Es un asunto de gran importancia: "Si la iglesia considera que la promesa de (Oseas) 2.14–23 [2.16–25] han sido inauguradas de alguna manera con la venida de Cristo, entonces necesita celebrar no solamente la invitación de Dios a una relación íntima de amor, sino también la visión ecológica y no militarista de Dios para el mundo" (Lim y Castelo, 2015: 76). El llamado para los creyentes es a poner la confianza en Dios por medio de la práctica de la justicia y no en las armas: "La justicia erradica la guerra y la justicia crea futuro" (Martínez, 1990: 70).

Capítulo 2

Oseas denuncia la corrupción de la justicia

Introducción

Dios se opone a la injusticia porque está en contra de toda forma de maldad. La liberación de Israel de la esclavitud en Egipto es paradigmática para la historia de la relación de Dios con su pueblo. Representa el carácter decidido de Dios contra la esclavitud, el maltrato y la explotación. Por ello, lo que menos importa en el Éxodo es la determinación del nombre del faraón y el número de su dinastía. A algunos les preocupa que a Dios se lo llame "guerrero" y que la liberación de Israel sea violenta. Pero no se debe olvidar que por siglos la situación en la que vivía Israel en Egipto ya era violenta, y que el propósito no era otro que liberar a un pueblo de la opresión, lo cual va en contravía de la tendencia a espiritualizar la salvación (Birch, 1991: 123–33).

Lo primero que notamos al incursionar en este tema es que la justicia va de la mano de la ética. Muchas de las injusticias que se cometen son resultado de conductas antiéticas. Y, al contrario, la práctica de la justicia resulta en una conducta ética. De modo que "la pasividad moral frente a los desafíos éticos es en sí misma infidelidad" (Birch, 1991: 32).

Cuando hablamos de justicia, normalmente pensamos en dos cosas: la justicia penal y el trato que se le da a alguien en las relaciones corrientes. La justicia es parte de nuestras conversaciones cotidianas, sea porque no se castiga con severidad a un funcionario corrupto o, simplemente, debido a que no se le castiga. Por ejemplo, comparamos las penas severas que por delitos menores se impone a individuos que no tienen apellidos de familia "prestante y de bien", con las sentencias irrisorias que reciben los altos funcionarios por enormes desfalcos a la nación. También nos indigna ver las injusticias causadas por la desigualdad, aquella que, como en un sistema de castas, poco permite la movilidad social.

Da la impresión de que entre los cristianos predomina el institucionalismo. Existe la tendencia a creer que la paz y el bienestar de los ciudadanos dependen principalmente de lo que hagan las instituciones estatales y que el concepto de la justicia se limita al sentido penal. La experiencia y las estadísticas muestran que el aumento de las cárceles y los reclusos en un país podrían sugerir eficiencia e imparcialidad en el sistema judicial, pero no indica que una sociedad sea justa; más bien, todo lo contrario: el crecimiento de los presos señala el fracaso de un país como sociedad.

El concepto de justicia en la Biblia es amplio y abarcador. Quizá necesitamos hacer el ejercicio de repensar nuestra actitud frente a la justicia penal, por ejemplo, ya que en la mayoría de los casos los beneficios que se obtienen con una encarcelación, así sea de cadena perpetua, son pocos. Generalmente, el castigo que impone la justicia no repara el daño que el individuo ha hecho, ni siquiera simbólicamente. Y tampoco restaura al mismo individuo ni lo reintegra a la sociedad, lo cual debería ser el fin último de la justicia, si no en todos los casos, sí en muchos. Y, para colmo de males, no sirve de escarmiento. Los delincuentes generalmente reinciden y muchos hasta presupuestan la encarcelación en su balance de "pérdidas y ganancias" a la hora de delinquir.

Se debe reconocer, al mismo tiempo, que nuestra inclinación a pensar en la justicia penal como la única manera de entender la justicia, podría estar influenciada por la misma Biblia, o por lo menos por parte(s) de ésta: *... el alma que pecare esa morirá* (Ez 18.10), *... yo pagaré, dice el Señor* (Dt 32.35), y otras afirmaciones por el estilo. Sin embargo, vale la pena repasar cómo vemos el asunto y qué pistas nos da la Biblia para entenderlo.

La idea de la justicia

1. Los seres humanos tenemos una conciencia innata de la justicia. Esta conciencia puede ser imperfecta y egoísta; pero, en asuntos como el trato con los demás, por ejemplo, esperamos que nos digan la verdad, que los demás cumplan su palabra, que nos traten bien, que no nos acusen falsamente y que nos crean cuando digamos "yo no fui". En síntesis, esperamos que nos traten de manera justa.

Una forma sencilla de comprender la justicia es en una fila. Nos molesta que los que llegan al último no hagan la fila y entren primero. Y así hay muchas otras "filas", como la laboral, donde debería llegar a un cargo "el siguiente en la fila", por sus capacidades e idoneidad, no el "colado" que tiene apellidos y "buenas relaciones" (es decir, ayuda de corruptos). Por ello, es tan enervante la desigualdad y sus consecuencias. Vemos cuántos acceden directamente a todo lo que quieren y necesitan, mientras que el grueso de la población tiene que hacer unas "filas" en las que la mayoría nunca llega: educación, salud, bienestar.

Pensando en otro tipo de casos, se puede considerar una calamidad, que se convierte en injusticia, "si se hubiera podido prevenir, y particularmente si los que pudieron haber llevado a cabo las labores de prevención no hicieron nada" (Sen, 2011: 4). En esta línea tenemos casos relacionados con salud, inundaciones, construcciones y tantos otros más.

2. También tenemos una conciencia innata en cuanto a la justicia social. Por ejemplo, en un país rico todos sus habitantes deberían disfrutar de esa riqueza. Por ello, resulta tan escandalosa la desigualdad económica en países bendecidos con muchas riquezas, y es más escandaloso todavía, que nos hayamos acostumbrado tanto a la desigualdad que ya no sea un escándalo. Sin embargo, celebramos, tal vez hipócritamente como los judíos del tiempo de Jesús con los profetas, las vidas de los grandes héroes de la humanidad en la historia reciente, como Gandhi, Martin Luther King y Nelson Mandela.

Una sociedad llegará a ser verdaderamente ejemplar en la medida en que crezca la justicia social y disminuya la corrupción; es decir, cuando haya menos ladrones y más defensa del bien común; a mayor igualdad entre los ciudadanos, menos marginados, menos violencia. Hablamos aquí de disminución de índices de corrupción y de violencia, no de sociedad perfecta. Por ejemplo, en vez de protestar contra el aborto, deberíamos adoptar más niños. En lugar de emprender una cruzada contra el matrimonio homosexual, deberíamos luchar contra el abuso sexual de niños, que en países como Colombia muestra cifras que asustan: dos niños por hora son víctimas de abuso sexual. Protestar es más ruidoso, cuesta menos y requiere menos compromiso. Es una forma de influencia social que le traslada todo el poder a la ley, ignorando que con ley o sin ella, seguirán los abortos. La diferencia es que serán clandestinos. En caso contrario, nacerán niños no deseados que crecerán sabiendo eso, que no son deseados; y ya sabemos en qué terminan muchos de estos al ser adultos. Debemos, entonces, defender la vida en el útero y fuera de él.

3. Esperamos que la justicia se aplique de manera equitativa y proporcional a la magnitud de los delitos cometidos. Un componente esencial de la justicia es la imparcialidad. El libro de Deuteronomio habla de este tema al referirse a los jueces y utiliza una expresión gráfica para quien administra justicia: no debe "mirar el rostro" de las personas juzgadas.

   Como dice Sen, "[l]o que nos mueve, con suficiente razón, no es darnos cuenta de que el mundo está lejos de ser completamente justo —cosa que pocos esperamos— sino que hay injusticias claramente remediables a nuestro alrededor, las cuales queremos eliminar". El ciudadano no puede simplemente actuar basado en lo que percibe como "señales de injusticia"; es necesario examinar críticamente esas señales de modo que el sentimiento que tenemos sobre algo no sea sólo un sentimiento, sino un sentimiento fundamentado en el escrutinio y el conocimiento (Sen, 2011, vii-viii). El tema de la justicia, sin duda, es bastante complejo, porque involucra sentimientos, percepciones, información parcial, cultura, rumores y tantas cosas más. De entrada, debemos decir que en esta tierra, como la conocemos, nunca habrá una justicia perfecta. La pregunta para Israel y nosotros los creyentes es qué significa practicar la justicia teniendo en cuenta la historia, como veíamos con Jehú en el capítulo anterior, y qué hacemos ante la ausencia de la justicia.

4. Existen, según Sen, por lo menos dos acercamientos al tema de la justicia. Uno es la búsqueda del establecimiento de instituciones justas ("transcendentalismo institucional") como la estructura fundamental de la sociedad, donde los ciudadanos se comportan según las exigencias de estas instituciones; esta es aparentemente la teoría predominante. El otro acercamiento es mirar las vidas que los ciudadanos son capaces de vivir, incluyendo temas como la satisfacción de las necesidades básicas, las libertades o restricciones de los individuos, y la capacidad de tomar decisiones (Sen, 2011, xi–xvi). Los elementos no institucionales de la justicia se refieren al "comportamiento real de la gente y a sus interacciones sociales"

(Sen, 2011: 5). Es decir, la justicia no resulta cuando tenemos instituciones perfectas con leyes perfectas. Existe el razonamiento que justifica las acciones de los individuos, los cuales por lo general no están determinados por las instituciones. Por ello, la injusticia puede ser vista como normal para algunos, gracias a una forma primitiva y defectuosa de razonar (Sen, 2011, xviii). El problema obvio aquí es quién determina que una forma de razonar es primitiva y otra sofisticada. El modelo de las instituciones transcendentales pregunta "cómo se levantan instituciones perfectamente justas", mientras que el otro quiere saber "cómo se promueve la justicia". Este último se refiere a un concepto de justicia basado en logros; según esto, la "justicia no puede ser indiferente a las vidas que las personas realmente pueden vivir" (Sen, 2011: 9, 18), es decir, la justicia social importa y mucho. Podemos pensar en temas como la desaparición de las sastrerías, las modisterías y otro tipo de oficios por causa de las tiendas de grandes superficies, todas legalmente constituidas, que en teoría crean empleo, pero no sin hacer desaparecer a otros negocios, artes y oficios, sobre todo de tipo familiar. Unos dirán que ése es el progreso; otros preguntamos qué progreso es ése cuando el precio es el atropello, la desaparición de la cultura y de los pequeños comerciantes.

5. Todos los elementos que componen la justicia hacen que los ciudadanos tengan confianza en sus relaciones, las cuales van desde los vecinos hasta las distintas instituciones que representan autoridad legítimamente constituida. La justicia no existe en un vacío ni de cuenta propia. La justicia es inseparable de la verdad, así como lo es la paz. Sin justicia y verdad no hay paz. En la medida en que exista transparencia y se haga honor a la verdad de las cosas, habrá confianza entre los ciudadanos y en sus relaciones con los encargados de velar por la justicia.

El concepto de justicia en la Biblia es de gran amplitud, como veremos enseguida. Se entiende más como justicia social, la cual va desde las relaciones interpersonales hasta los tratados internacionales. Refiriéndose al caso del continente africano, Edet afirma la desigualdad de condiciones en las relaciones comerciales entre los países productores de materia prima al precio fijado por los países ricos, que también fijan el precio de los productos terminados que les venden. "Además, las políticas económicas del mundo industrializado tienden a estar posicionadas

> estratégicamente para garantizar su progreso a expensas de las economías débiles del mundo subdesarrollado al cual pertenece África" (Edet, 2009: 635). Si a esto le sumamos la corrupción interna en los países "en vía de desarrollo", ya entendemos por qué esta vía no conduce a ninguna parte.

En este capítulo seguiremos la misma estrategia para la presentación del tema. Luego de la introducción, examinaremos textos selectos de Oseas donde se trata el tema de la corrupción de la justicia; seguidamente, echaremos un vistazo breve a la idea de justicia en el Antiguo Testamento; luego, miraremos brevemente algunos textos narrativos para observar de qué manera se trataron casos específicos de corrupción de la justicia. En cuarto lugar, pasaremos a la oración para aprender de qué manera aparecen los temas de la justicia y la injusticia en los salmos, con el fin de encontrar pistas para el culto y la adoración a Dios en el día de hoy. Finalmente, intentaremos hacer un poco de teología bíblica, conectando las reflexiones del Antiguo con el Nuevo Testamento. Pasemos ahora a mirar algunos detalles específicos sobre la justicia en la Biblia.

La centralidad de la justicia en el mensaje bíblico

Uno de los temas más prominentes en la Biblia es la justicia social en pequeña y gran escala. Por ello, una de las labores fundamentales de los gobernantes es evitar que en la nación haya mendigos y en general gente mal tratada desde el punto de vista social y económico. Esto se hace asegurándose de que cada familia tenga los medios necesarios para una vida digna y que esos medios no sean disminuidos ni amenazados de manera alguna. El fundamento de estas normas es que Dios, como dueño de la tierra, la ha repartido a las naciones con el fin de que todos y cada uno disfruten del bienestar que produce la abundancia de la tierra y sus recursos (Wolterstorff, 2008, vii). Pero debemos cuidarnos de los discursos engañosos, pues hasta los gobernantes más opresores y desalmados se ufanan diciendo que han dedicado sus vidas a buscar el bienestar y un futuro mejor para las víctimas de la opresión causada por ellos mismos.

Por razones de espacio, no es posible presentar aquí un estudio detallado del concepto de justicia en la Biblia. Existen muchos libros y muy buenos sobre el tema tanto para el Antiguo como para el Nuevo Testamento o la Biblia completa (por ejemplo, Nardoni, 1997; Sicre,

1985). Nos limitaremos a subrayar algunos puntos esenciales y a su relación directa con el libro de Oseas.

1. En la cosmovisión del Antiguo Testamento se asume que todas las cosas ocurren por designio divino, el cual es justo (y no excluye la calamidad, como lo comunica el libro de Job y figura en salmos y relatos bíblicos). Muchos salmos afirman que el trono de Dios descansa sobre la justicia y la rectitud (p. ej., Sal 89.14; 97.2). En consecuencia, el creyente tiene la expectativa de que Dios hará justicia. Sin embargo, la ausencia de ésta es bastante común en el pueblo de Israel tanto de manera individual como colectiva, lo cual se ve reflejado en las leyes, los relatos, las oraciones y las reflexiones sobre la justicia. Los salmos en particular están llenos de oraciones en las que el creyente se lamenta por diferentes motivos, como la falta de justicia, la aparente indiferencia de Dios ante la injusticia y el aparente triunfo de la injusticia. Lo anterior no significa que el creyente en la Biblia es capaz de resolver teológicamente todas las incongruencias que encuentra entre el contenido de la fe y la realidad circundante. El hecho es que las expresa como las ve y las siente.

   El Salmo 12, por ejemplo, dice al final: "Tú, Señor nos protegerás; tú siempre nos defenderás de esta gente, aun cuando los malvados sigan merodeando, y la maldad sea exaltada en este mundo". Esto se dice como esperanza, porque la maldad no desaparece y porque la salvación de Dios no siempre llega al instante. El creyente honesto consigo mismo reconoce que la falta de justicia presenta un gran desafío para la fe. Para nadie es fácil soportar situaciones prolongadas de injusticia. Por ello, en la Biblia es frecuente la expresión "¿hasta cuándo?" (Sal 6.4; 13.1–2; 62.3; 74.10; 82.2; 90.13; 94.3; Is 6.11; Hab 1.2; Zac 1.12). La contraparte de esto son quizá las famosas palabras de Habacuc: ... *aunque la higuera no florezca [...]* (Hab 3.17). Pero el creyente no debe apresurarse a decirlas sin haber pasado primero por el "hasta cuándo" que el profeta también dijo (Hab 1.2). En el texto bíblico los dos pueden aparecer en la misma página o en un mismo salmo, pero en la experiencia del creyente pudieron haber pasado años entre el "hasta cuándo" y el "aunque la higuera no florezca".

2. El Salmo 146 expresa muy claramente cuál es la expectativa de los creyentes en este tema: El Señor hace justicia a los oprimidos, da de comer a los hambrientos y pone en libertad a los cautivos. El Señor

da vista a los ciegos, el Señor sostiene a los agobiados, el Señor ama a los justos. El Señor protege al extranjero y sostiene al huérfano y a la viuda, pero frustra los planes de los impíos (vv. 7–9). Así se entiende en la Biblia el reino de Dios, donde reina Su justicia. Vale la pena comentar aquí dos cosas brevemente: primero, el grupo compuesto por la tripleta huérfano, viuda y extranjero corresponde a la gente marginada y vulnerable de la sociedad; para nosotros pueden ser los mismos u otros; muchos extranjeros en nuestros países tienen salarios muy por encima del promedio nacional, de modo que no es ese extranjero el que necesita ayuda económica para salir adelante. Y segundo, vale la pena preguntar cómo es que Dios protege al extranjero y sostiene al huérfano y a la viuda, pero frustra los planes de los impíos. Las respuestas son múltiples, pero en muchos casos no se trata de esperar un milagro, sino que es tarea de agentes humanos, creyentes o no, que Dios usa según la necesidad (p. ej., Rut y Boaz en época de los jueces o Ester y Darío en tiempos del exilio).

3. Quienes se hallan convencidos de la importancia de la justicia están simultáneamente llamados a practicarla, no a quejarse inútilmente de su ausencia. Vale la pena resaltar aquí que el creyente debe preguntarse también de dónde se nutre su indignación ante la injusticia y si tiene la capacidad de reconocerla por encima de sus afiliaciones políticas y de la perspectiva de los medios masivos de comunicación (radio, prensa, TV). Son pocos los medios informativos independientes y confiables. En la mayoría de los países del mundo, son propiedad de grandes capitalistas y multinacionales, cuyos intereses políticos y económicos determinan qué noticias se presentan, de qué manera y en qué momento. Como los intereses económicos dependen del *rating*, y de éste, las ganancias, entonces es común que muchas noticias se presenten en forma de escándalo, lo cual las convierte, incluyendo las tragedias y desgracias, en otro artículo de consumo y de entretenimiento que de paso le da a la gente la sensación de "estar al día con el acontecer nacional y mundial", que están informados y entienden los problemas del país y del mundo, cuando en realidad ningún tema se ha analizado con el rigor que amerita. Y no se analiza en profundidad por la pereza de los ciudadanos de escudriñar, pensar y entender. Así, la ciudadanía se forma opiniones y toma

decisiones políticas a partir de la ignorancia apasionada que crean en ellos los propietarios de los noticiarios. ¿Qué ganamos, por ejemplo, con saber que en tal o cual ciudad asaltaron, violaron o mataron a alguien si llevamos años viendo y oyendo lo mismo con mayor o menor frecuencia? La prensa amarillista ha llegado a ser la prensa normal, la que la gente consume y con la que se entretiene. A estas noticias respondemos en coro: "Es que no hay derecho," "Qué inseguridad," "Y los políticos siguen tan campantes" o "Y el gobierno no hace nada", etc., y no hacemos nada y no pasa nada.

El profeta de Dios, sin embargo, no está preocupado por su *rating*; por ello, no predica profecía amarillista. Una de sus tareas principales es denunciar los males que atentan contra la identidad y la viabilidad del pueblo de Dios. Podríamos decir que la esencia del mensaje del profeta Oseas es la siguiente: habiendo hecho el pueblo de Israel sobrados méritos para la terminación del pacto, Dios decide invitar a su pueblo al arrepentimiento para mantenerlo. El primer tema que tratamos fue la revisión sobre su actitud con respecto a los militares que han abusado de su poder. Aquí nos ocuparemos de la corrupción de la justicia. Dejaremos algunos de estos asuntos para tratarlos en el capítulo 6 cuando hablemos de la propuesta sobre una teología anticorrupción.

Oseas denuncia la corrupción de la justicia (2.21–23 y 12.7–8)

Las referencias a los reyes, especialmente Uzías y Jeroboán, al inicio de Oseas sirven para informar, entre otros puntos, que tanto Israel como Judá gozaban de "paz y prosperidad" económica cuando Oseas profetizó (Os 10.1–2). Los asirios estaban ocupados en sus propios problemas, y los vecinos más inmediatos, Egipto y Siria, se hallaban también atendiendo lo suyo. Sin embargo, bien es sabido que estabilidad y prosperidad (macro) económicas en un país no siempre son sinónimos de justicia, paz y prosperidad para todos.

Oseas describe la infidelidad de Israel a Dios en términos de prostitución. Quizá es el primero en hacerlo (cp. Is 1.21; Jer 3.2; Ez 16.15; Nah 3.3–4). La imagen es natural si se entiende la relación de Dios con su pueblo como un matrimonio. Pero, como decíamos en la introducción a este libro, el poder de la metáfora puede verse debilitado por el componente del abuso.

El pleito

Siguiendo la práctica acostumbrada en el antiguo Israel, Oseas utiliza el formato literario del pleito para reconvenir al infractor del pacto. El pleito incluye la invocación de los testigos (cielo-tierra) propio de los pactos del Medio Oriente antiguo. Esto mismo se puede observar en el libro de Deuteronomio, cuyo formato literario es claramente el de un pacto. En este pacto de Dios con Israel, los testigos también son el cielo y la tierra (Dt 30.19; 31.28), que en la Biblia no se consideran divinidades, sino creación de Dios. La invocación de los testigos en el pacto significa que, si Israel no cumple su parte, será destruido y el juicio sería justo. Aunque desde el punto de vista lexicográfico (lo que las palabras significan según el diccionario) y retórico (el arte de persuadir) es válida la traducción "serán destruidos por completo si no cumplen", la historia muestra que en el Antiguo Testamento se destruye una generación o una parte del pueblo, pero no todo Israel por completo. La Biblia demuestra que Dios no destruyó a su pueblo ni lo va a hacer.

En el capítulo 2 de Oseas se repite seis veces (en tres pares) el verbo "responder" (vv. 15 y 17, 21 y 23, 22 y 24). En algunas versiones se traduce como "cantará" en los vv. 15 y 17. De todos modos, hay cuatro respuestas: a) la del que sale de la esclavitud tras escuchar la voz de Dios, b) la de los testigos del pacto, c) la respuesta de la tierra dando su fruto, y d) finalmente la respuesta de estos frutos a Jezreel.

La prosperidad

¿Qué hace la prosperidad aquí?, se pregunta el lector de Oseas. La justicia social va de la mano del bien común. Desafía la idea popular de prosperidad, también común en la iglesia, que persigue el bienestar individual por encima de todo y de todos. La pequeña lista de productos mencionados al final del capítulo 2 de Oseas representa el bienestar que trae la prosperidad económica de Israel: cereal, vino nuevo y aceite. Es decir, cielo y tierra son testigos porque gracias a ellos prospera la economía. Normalmente, quienes se aprovechan del sistema por medio de la corrupción, indefectiblemente les están quitando algo a otros, sean bienes, derechos, oportunidades; es decir, bienestar. La prosperidad que se obtiene por vía de la corrupción siempre significa quitarle algo a alguien, aunque algunas de estas actividades estén contempladas como legales. Por ejemplo, un salario puede ser legal e injusto al mismo tiempo. Un terreno se puede adquirir por su precio "justo", pero se convierte en injusto cuando quien lo compra tiene información privilegiada sobre el desarrollo de algún gran proyecto futuro que el vendedor del predio ignora por completo. Esto último ocurre con mucha frecuencia, pero no se ataca porque ni siquiera aparece tipificado como delito en muchos países, y la cultura política tampoco lo censura; todo lo contrario.

En Colombia, por ejemplo, existen los terrenos "baldíos", que muchos políticos, gobernantes y sus allegados han adquirido al tiempo que gestionan grandes obras de infraestructura que benefician directamente esos terrenos. Es decir, esos terrenos no pasan a manos de quienes más los necesitan, los campesinos, sino a los grandes hacendados que disponen de los medios para explotarlos y del Poder Ejecutivo para valorizarlos con obras que pagamos todos, incluyendo los campesinos, con impuestos. Estas injusticias incrementan la ya escandalosa inequidad, pero no se investigan como delictivas porque las transacciones se hacen en el marco de la ley existente, según la cual, la acumulación ilimitada de tierras y el consecuente incremento de la desigualdad no son delito ni tienen control alguno.

La siembra de Dios

La respuesta de Dios mediante el envío de profetas para combatir los males sociales da testimonio de su libertad de actuar, su cercanía al pueblo y su compromiso de defender a los más vulnerables. Éste es el fundamento de la historia de la relación de Dios con su pueblo (Éx 3.7–8), que al mismo tiempo muestra la vulnerabilidad y el amor divinos. Tal vez la idea nos moleste, pero es bíblica: Dios sí muestra parcialidad hacia los desposeídos; tal vez no en la medida de su amor, sino en su cuidado y defensa. Y es así sencillamente porque quien está acomodado tiene medios para defenderse y valerse por sí mismo, mientras que, al desvalido, si Dios no lo defiende, nadie más lo va a hacer (Birch, 1991: 119–23). Por ello, existe en el Antiguo Testamento el trío huérfano, viuda, extranjero (Éx 20.21–23; Is 58.5–10; Sal 68.6) a los que Dios defiende de los poderosos y los indiferentes.

Jezreel significa "Dios siembra". Este nombre es parte de una serie de reveses en Oseas. Donde otros sembraron injusticia y terror, el Señor sembrará esperanza y prosperidad. Esto es el evangelio, la llegada del reino de Dios. Ésta no es una siembra egoísta y popular donde cada quien lucha por lo suyo aparte o a expensas de los demás. Nada más lejano al reino de Dios que la utilización de la fe para explotar a otros como se hace con la famosa "siembra" y los "pactos". Tales prácticas son inaceptables dentro del pueblo de Dios. Ha llegado el tiempo para la siembra de la justicia en el nombre del Señor. Ésta es la siembra de Oseas. Dios llama a su pueblo a sembrar justicia social. Sabemos de sobra qué pasa cuando en vez de justicia se siembra maldad. En la medida en que el pueblo de Dios se dedique a esta tarea, habrá más voces que glorifiquen a Dios.

Mal haríamos en reducir estos asuntos a lo espiritual. Cuando hablamos de bienestar nos referimos a la totalidad de la vida del ser humano: "... la tierra tiene que ver con un lugar físico específico en el mundo y con un sentido de bienestar, seguridad y libertad que resulta de la posibilidad de vivir en armonía con la tierra y sus dones, y en paz con los vecinos" (Birch, 1991: 108). De este tema se han ocupado por décadas los teólogos latinoamericanos (p. ej., Padilla y Segura, 2006).

Todo agricultor sabe que para obtener una buena cosecha hay que preparar la tierra, escoger la semilla, sembrar y atender fielmente el cultivo a fin de que ella sea abundante. Cuando el barbecho ha estado quieto por mucho tiempo, la cosecha puede ser todavía mejor. El barbecho es la tierra que ha dejado de usarse por una temporada para que se reponga y que ahora está lista para una nueva siembra.

La siguiente lista (Premnath, 2008) describe la situación económica y social de Israel en el siglo VIII. Los parecidos con las realidades de muchos países latinoamericanos saltan a la vista y nos llevan a pensar que varios aspectos de este mensaje profético antiguo nos ayudan a interpretar nuestras realidades y nos dan pistas para entender qué significa justicia social y qué la ha impedido históricamente:

1. Concentración de grandes extensiones de tierra en unas pocas manos.
2. Crecimiento de los centros urbanos.
3. Intercambio de alimento (provisto por los terratenientes con mano de obra campesina) por seguridad militar (provista por el Estado localizado en los centros urbanos). Esto llevaba a la construcción de murallas para las ciudades y desprotección para el campo.
4. Militarización como forma de seguridad.
5. Impuestos altos para mantener el Estado y todas las otras formas de "seguridad" (Os 9.1; cp. Am 5.11; 7.1).

6. Vida extravagante de los ricos en sus mansiones (Os 7.4–5; Am 3.15; 6.4–7).
7. Sistema económico con un desproporcionado beneficio para una minoría (Os 12.7; Am 8).
8. Endeudamiento de los pobres (Am 2)
9. En síntesis, la legalización de un sistema económico que deja al pequeño en desventaja reduce sus posibilidades de avanzar y perpetúa la desigualdad.

A la luz de lo anterior, resulta imposible reducir la infidelidad del pueblo de Israel a un asunto meramente de culto. La infidelidad en el mensaje profético tiene que ver también con el incumplimiento de las leyes económicas y sociales que posibilitan una sociedad en la que el culto a Dios tiene sentido cuando va acompañado de la ética correspondiente. Sabemos que la fe bíblica incluye todas las relaciones humanas. El mensaje, en síntesis, es que lo que una nación sembrare en justicia social, eso mismo segará. Si de algo nos sirven los noticiarios que tanto hemos criticado es que vemos en ellos el producto de la injusticia social.

El comercio engañoso como forma de injusticia

El capítulo 12 de Oseas está dedicado a tres temas que poco ayudan para la construcción de la justicia social: mentira, engaño y traición (Wolff, 1984: 184). En 12.7 figura un llamado relativamente común en el Antiguo Testamento: ... *y tú a tu Dios conviértete* [o vuelve]*; misericordia y justicia practica y espera en tu Dios siempre*. El lector de este texto no debe confundirse pensando que este llamado a la conversión consiste en un acto individual producido por un arrepentimiento interior por pecados generales. Se trata de una conversión en la forma de hacer negocios. Un ejemplo común de injusticia en la economía es la balanza fraudulenta para explotar a los demás, lo cual es abominación para Dios (cp. Am 8.5; Pr 11.1). Por balanza fraudulenta se entiende, además de lo literal, la venta de cualquier cosa que se hace aparecer como mejor o superior a lo que en realidad es. También existe la balanza fraudulenta en el caso de los carteles delictivos que constituyen las empresas fabricantes de un mismo producto con el fin de eliminar la competencia entre ellos y fijar precios altos. Esto ha ocurrido en Colombia con productos como el papel higiénico, el arroz, los cuadernos y otros. De esta manera, les han robado por años a todos sus clientes. Resulta importante recordar aquí que, así como el ser humano como individuo es moral, también lo es como comunidad (Birch, 1991: 105). Es decir, así como se juzga a un individuo por la comisión de un delito, también se juzga a la comunidad por permitir en su medio males tan destructivos como el robo, la injusticia y la desigualdad.

El otro engaño del que habla Oseas se relaciona con los tratados internacionales, los cuales se presentan como si fueran ventajosos. El profeta los describe con aguda ironía: persiguen el viento como si fuera comida y tienen una bodega para guardar mentiras (12.1; BP); es decir, se dedican al autoengaño.

A pesar de todo, los delincuentes que saquean la nación se ven a sí mismos como personas dignas de respeto y admiración, a tal punto que dicen: "¡Cómo me he enriquecido de manera tan limpia!" (este tema sigue más abajo). Además, tienen estrategias diseñadas para protegerse y hacer creer que los corruptos son otros:

> Una de las características del corrupto frente a la profecía es un cierto complejo de incuestionabilidad. Ante cualquier crítica se pone mal, descalifica a la persona o institución que la hace, procura descabezar toda autoridad moral que pueda cuestionarlo, recurre al sofisma y al equilibrismo nominalista-ideológico para justificarse, desvaloriza a los demás y arremete con el insulto a quienes piensan distinto (cf. Jn 9.34). (Bergoglio, 2014: 9)

Además, si los empresarios son religiosos, su éxito se interpretará desde la fe que tienen. Creen que la prosperidad prueba que Dios los ha bendecido, porque no se hacen pregunta alguna sobre la ética de sus negocios. Bien sabido es que el lenguaje religioso comúnmente se usa para aparentar bondad, generosidad y honradez. Sin embargo, el profeta no se deja deslumbrar, ya que "los profetas son los guardianes de los valores de la bondad y la justicia contra sus falsificaciones" (Landy, 2011: 44).

En el Antiguo Testamento la palabra "cananeo", además de indicar el gentilicio de Canaán, significa "comerciante"; y a veces, "comerciante" es sinónimo de tramposo o se usa acompañado de tales calificativos. Por ello, en Oseas 12.8, en vez de decir Israel, se dice Canaán, para referirse al comercio que usa balanza fraudulenta. Hoy en día podemos pensar en la economía movida por el crecimiento que se logra con la disminución de los costos de producción y operación. En algunos casos será con bajos salarios, disminución de las medidas de seguridad o de la calidad de los productos. Por cierto, ésa es la tentación de todo comerciante, porque así multiplica sus ganancias sin esfuerzo ni inversión adicional. Y como hay tanta mano de obra disponible y desesperada, la gente termina trabajando en condiciones laborales desventajosas. El mejor apelativo que encuentra el profeta para estos empresarios es *opresores*. Éste es uno de los temas importantes en el Apocalipsis, donde se anuncia la caída de Roma y con ella la de sus comerciantes (Ap 18.1–20). El comerciante trabaja con ánimo de lucro, para obtener ganancias; eso es natural. El problema está en la explotación, la deshumanización de los empleados y la ganancia desproporcionada que obtiene al lado de la que consiguen quienes trabajan para hacer posible esa ganancia.

Al considerar el panorama de Israel presentado en Oseas, Landy se pregunta qué significa ser humano. Y él mismo responde: significa "traicionar el pacto, adorar dioses falsos, entrar en componendas con los grandes poderes, practicar las locuras y las iniquidades y dejarse seducir por las distracciones que Oseas critica incesantemente". Ante semejante panorama, Dios envía a sus profetas, porque también es humana la capacidad para la justicia, la compasión, la fe, el trabajo honesto y la fidelidad al pacto, aunque Samaria caiga (Landy, 2011: 12).

La justicia económica

Cuando los teólogos latinoamericanos en las décadas del 60, 70 y parte del 80 hablaron de la teoría de la dependencia económica y afirmaron que la riqueza de unos pocos causaba la pobreza de muchos y que esa pobreza era producto de esa riqueza, se los tildó de simplistas y les dieron clases de economía para que comprendieran sus complejidades y no fueran tan reduccionistas. Aparentemente la idea no fue rechazada porque fuera totalmente falsa, sino porque lo mismo afirmaban los marxistas y comunistas. El problema, entonces, no era de análisis económico, sino de ideología política. Hoy, décadas después de caído el Muro de Berlín y el bloque soviético, el economista escocés y premio Nobel de Economía, Angus Deaton, ha dicho casi lo mismo que decían los marxistas y los teólogos latinoamericanos: que mucha de la riqueza de los ricos ha causado pobreza (Deaton, 2013). Probablemente, nadie le dirá a Deaton que es simplista o reduccionista, ni intentará darle clases de economía, pero igual quizá tampoco logrará que en el mundo de los negocios le presten atención o que el panorama global cambie en materia de justicia económica.

Deaton sostiene que, si bien no toda riqueza causa pobreza, la historia económica mundial demuestra, sin lugar a duda, que gran parte de la riqueza que han acumulado los ricos sí se ha logrado empobreciendo a otros. El antiguo Israel conoció esta realidad tan bien como la conocemos en América Latina y en otras regiones del mundo. Lo que esto significa en plata blanca es que la acumulación de riquezas en manos de unos pocos por lo general tiene un costo social alto para la mayoría. En América Latina ésta ha sido una realidad sostenida en la historia de la mayoría de nuestras familias.

Volviendo a Oseas, lo más probable es que los incriminados en el discurso profético no estuvieran de acuerdo con la interpretación que hace el profeta de la historia y lo acusaran de calumnia o, como se diría hoy, de "persecución política". En casos así, siempre cabe recordar algo muy sencillo: la existencia sostenida en el tiempo de mayorías pobres en países ricos es clara demostración de que 1) los gobiernos han sido malos de manera sostenida a través de la historia; 2) la causa probable de que unos pocos sean dueños de la mayor parte de la riqueza es la mezcla de injusticia con corrupción, y 3) por razones obvias, quienes han intentado cambiar las cosas han sido obstaculizados sistemáticamente. Veamos entonces qué dice al respecto Oseas en el capítulo 10.

La injusticia ha crecido como maleza: *Aran iniquidad, cosechan injusticia y se alimentan de mentiras* (v. 13). En una sociedad agrícola, este mensaje poseía una gran capacidad comunicativa, puesto que, al poner la mano en el arado, el agricultor podía sentir en sus manos el mensaje profético contra la injusticia. Aunque hoy estemos poco relacionados con el campo, de todos modos, todos comemos lo que cultivan los campesinos. No hay otra comida. Éste es, pues, un mensaje que se agarra con las manos y se come. Al preguntar hoy "¿qué hay para comer?" o "¿cuál es el menú?", recordamos los gobiernos que pretenden alimentarnos con mentiras y a los gobernantes que aran iniquidad y cosechan injusticia en vez de asegurar el bienestar de los ciudadanos. Es posible que no disfrutemos mucho la comida por algunos días.

La misma metáfora de la agricultura se usa en el capítulo 8, pero quien labra la tierra es otro. Dios se presenta aquí como el agricultor de una tierra difícil que es Israel. Estas figuras se usan sencillamente porque en ese tiempo Israel era una sociedad mayormente agraria. El tema de la justicia aparece en un orden inverso. Primero se les dice lo que deben hacer y luego lo que ellos en realidad hacen.

Históricamente, ha sido normal que los pueblos oprimidos se levanten contra los opresores o que alguien con poder los defienda, como en el conocido caso bíblico del Éxodo. También es normal que, ante las amenazas al poder en un país o de un país a otro, los gobiernos incrementen el gasto de defensa para comprar más armas y tener un ejército más poderoso que el del enemigo. Sin embargo, como ya hemos visto, la visión de Oseas va por el camino contrario, un camino casi inimaginable para nuestras mentes bélicas tan acostumbradas a las armas como primera opción para la solución de los conflictos sociales. El asunto es que los ejércitos cuestan y de alguna parte tiene que salir el presupuesto que consumen. La ecuación normalmente es que cuánto más grandes sean las Fuerzas Armadas, más pequeña será la inversión social. Esto lo vemos claramente en los presupuestos nacionales.

Afortunadamente, Oseas no nos deja a oscuras y señala algunos caminos bastante claros que se pueden poner en práctica de manera individual y colectiva. Esto es lo que indica sobre lo que debe hacer el pueblo de Dios (Os 10.12):

¡Siembren para ustedes justicia!
¡Cosechen el fruto del amor,
y pónganse a labrar el barbecho!
¡Ya es tiempo de buscar al Señor!,
hasta que él venga y les envíe lluvias de justicia.

Notemos la belleza de la imagen: sembrar justicia, cosechar fruto del amor, trabajar la tierra que ha estado inutilizada, buscar al Señor para que llueva rectitud y justicia.

Los actos de justicia sembrados darán su fruto en tiempos diferentes. Las injusticias instaladas en una sociedad toman tiempo para desmontarse y, sin duda, habrá resistencia. Por ello, suponemos que, como en la agricultura, los frutos se empiezan a ver en el corto, mediano y largo plazo, algo así como sembrar rábanos, naranjos y olivos. Además, todo agricultor tendrá que luchar contra plagas, maleza y ladrones. En términos prácticos, las posibilidades son ilimitadas, especialmente en países donde la injusticia es abrumadora. Podemos pensar en dar de comer al hambriento, ayudar a alguien en unos trámites para recuperar la salud, la tierra, la dignidad, facilitar el estudio de alguien. Aunque no lo parezca, muchas de estas carencias en la gente son fruto de la injusticia, ya que se trata de pérdidas por abuso y falta de políticas y protección del Estado o de los que mandan en un lugar.

La justicia y el amor son dos cualidades ya mencionadas como ausentes en Israel (4.1; 6.4, 6). Dicho de otra manera, si el pueblo de Dios y cualquier sociedad quiere verdadera paz, entonces tiene que trabajar en la práctica de la justicia social para así poder cosechar frutos de amor o lealtad. Sin embargo, Israel se empecina en ir en contravía. Continúa la imagen del agricultor (Os 10.13):

Pero ustedes sembraron maldad, cosecharon crímenes
y comieron el fruto de la mentira,
porque confiaron en sus carros
y en la multitud de sus guerreros.

Note la correspondencia de los opuestos. Se ha sembrado maldad en vez de justicia y se ha cosechado mentira en vez de amor y bondad. No buscaron al Señor, y no llovió justicia y rectitud, sino que confiaron en sus carros y la multitud de sus guerreros.

En medio de todo esto, aparece un llamado a sembrar justicia, cosechar misericordia, a trabajar el barbecho (terrenos baldíos), a buscar al Señor, quien hará que llueva (10.12). Tenemos aquí la justicia representada como algo que se siembra: Dios riega y produce el fruto que nosotros comemos. Diríamos que es una mezcla de la justicia que practican los individuos y las instituciones. Es posible que estemos encerrados en un círculo perverso en el que no practicamos la justicia porque las instituciones no dan ejemplo, pero tampoco podemos exigirles que lo hagan porque somos iguales a ellas; y ahí nos quedamos girando y cavando nuestra propia fosa.

Por la manera como está planteado el tema en Oseas, se puede concluir que el tamaño de las Fuerzas Armadas en un país es inversamente proporcional a la presencia de la justicia. Y esto no se dice porque para Israel haya sido fácil. En esta época de Oseas todos los pueblos de la costa oriental del Mediterráneo están a la sombra de Asiria, que viene en su carrera expansionista.

Como decíamos en la introducción a este libro, el estudio y la predicación de la Biblia se enriquecen cuando observamos un tema o un caso representado en diversos tipos de literatura. Este ejercicio nos da la posibilidad de hacer un poco de teología bíblica sobre un tema al verlo desde diferentes ángulos y responder de diferentes formas. Si podemos hablar de un "modelo bíblico", diríamos que la teología bíblica se expresa en forma de denuncia, de relato, de mandato, de poesía, de oración, de celebración y de llanto.

Las advertencias más claras en la Biblia en cuanto a lo que cuesta mantener al gobierno y sus implicaciones para la justicia social se encuentran en 1 Samuel, capítulos 1 al 12, especialmente el 8. En esencia, el pueblo de Israel quiere tres cosas por encima de todo: rey, ejército y religión. Estos tres temas corren de manera paralela a lo largo de la historia de Israel y son bastante prominentes en los profetas. Al estar por encima de todo, automáticamente dejan por debajo tres aspectos: la justicia, el derecho y la misericordia que se nutren de la palabra de Dios. Es casi seguro que cualquier problema en Israel está relacionado con la preeminencia que se da a los tres primeros (rey, religión y ejército) y a la ausencia de los tres últimos (justicia, derecho y misericordia).

Ley, historia y oración

La plataforma desde la cual hablan los profetas para juzgar las conductas que denuncian es la ley contenida principalmente en los libros de la Torá (o Pentateuco). Aunque normalmente el término *torá* se traduce como "ley", es mejor entenderlo en el sentido de instrucción. El hecho de que tantos salmos hablen del deleite del creyente en la Torá (Sal 1, 19, 119) sugiere que no se trata de un sistema abstracto ni una lista de obligaciones, sino de "un estilo de vida, un sistema ético, orientado hacia la vida en relación con Dios" (Birch, 1991: 172).

Vale la pena pensar ahora en diversos momentos de la historia a los que el texto de Oseas alude de manera directa o indirecta. Del pasado más lejano figura Jacob (Os 10.11; 12.2, 12), que, si bien es sinónimo de Israel, también es símbolo de la cultura del engaño, la suplantación de identidad, ser aprovechado; en una palabra, tramposo (calificativo común entre participantes en los juegos de mesa, el deporte y los negocios). Note el juego de palabras en Oseas 12.1–3: יַעֲקֹב (*ya ʿăqōb̲*, Jacob) y עָקֵב (*ʿāqab̲*, talón). Al mencionar a Jacob suena el talón (cp. Gn 25.25; 27.36). Aquí y en otros temas Oseas presupone el conocimiento de detalles puntuales en la historia de Israel, incluyendo a los patriarcas. En síntesis: lo que le está diciendo a Israel es: "No has cambiado como pueblo; la Ley no te cambió; tramposo naciste, lo has sido y lo sigues siendo".

Para comprender mejor el juicio que se hace a los gobiernos, es necesario leer el texto de Deuteronomio que describe en la Torá cómo debe y no debe ser el rey (Dt 17.14–20) junto con los textos de Samuel donde se discute si debe haber rey o no, los abusos que éste cometería y lo que costaría (1S 8.1–22; 12.1–25). A fin de cuentas, la conclusión es que ningún rey realmente dio la talla. La descripción del rey ideal en Deuteronomio se podría resumir en cinco puntos: 1) "uno de tu mismo pueblo"; 2) el poder del rey no estará en su ejército; 3) no tendrá harén; 4) no aprovechará su posición para enriquecerse; y 5) tendrá una copia de la Ley, para lectura y meditación diaria. Así, entonces, aunque en la Biblia se reconozca la maldad y la responsabilidad moral individual, desde la perspectiva de Deuteronomio, el gobierno tiene una gran responsabilidad en lo que a justicia social se refiere. Del gobierno hablaremos un poco más en el capítulo 6, donde tratamos la teología anticorrupción.

El capítulo 10 de Oseas es una invitación a que Israel repase su historia. Dedicaremos unas cuantas páginas al asunto. El repaso de la historia, un tema aparentemente inocente, representa una de las mayores dificultades para cualquier nación. En los momentos de crisis, una razón importante por la que se escribe la historia es explicar cómo un pueblo ha llegado al punto donde está. Ninguna historia es inocente ni totalmente objetiva, ya que se cuenta desde un punto de vista y con propósitos específicos. Siempre habrá que seleccionar y resaltar, lo que a su vez implica descartar y opacar. Pero este procedimiento normal de la historiografía, aunque tenga una agenda, no siempre es malicioso. Una pregunta de rigor aquí es a quién representa el historiador y qué intereses defiende. Desafortunadamente, la interpretación de la historia que se instala en muchas sociedades no es siempre la de los historiadores, sino la de los políticos y la de los grandes grupos económicos, la cual promueven hasta las náuseas en sus discursos y por los medios de comunicación de los cuales son dueños. Veamos un ejemplo reciente de la historia de Colombia.

Durante el transcurso de los diálogos de paz entre el gobierno colombiano y la guerrilla de las FARC (2012–2016), hubo un momento en el que se nombró una comisión de expertos a quienes se encargó la nada fácil tarea de repasar la historia de Colombia para determinar por qué el país había tenido cinco décadas de guerra. El resultado, en pocas palabras, fue que cada experto presentó su propia versión y no fue posible llegar a un consenso. Como los expertos representaban diferentes orientaciones historiográficas y probablemente marcados por sus ideologías políticas e intereses más allá de lo académico, no era mucho lo que se podía esperar. El caso muestra, entre otros problemas, la dificultad de una nación y de un Estado para asumir sus faltas. Por ejemplo, en el momento de los diálogos de paz había más de siete millones de desplazados internos por causa de la violencia. Las preguntas de fondo ante semejante tragedia son: ¿por qué motivo fueron desplazados?, ¿en poder de quién están las tierras que les fueron arrebatadas a estas personas? Esto podría darnos unas pistas en cuanto al combustible que ha alimentado esta guerra. Las personas desplazadas por la violencia perdieron todo lo que tenían. ¿Cómo asumimos esto los colombianos? ¿Reconocemos que tenemos un problema de grandes proporciones? Estos problemas se ven lejanos y no causan molestia alguna cuando de ellos nos enteramos por medio de la televisión, la radio y la prensa. Por ello, a todos nos caería bien buscar la manera de hacer una visita a un sitio de desplazados, sin agenda, sólo para tener la experiencia, sentir ese dolor, meditar y pedirle a Dios que nos diga algo. Cada país seguramente tiene más de un lugar donde se pueden sentir los resultados de la violencia, la corrupción y la injusticia social que vienen de vieja data.

A pesar de las diferencias en los resultados de este ejercicio historiográfico en Colombia, el desacuerdo de los historiadores no fue total: "… aunque mantienen profundas discrepancias sobre la legitimidad o no de la lucha armada iniciada por los insurgentes", los historiadores de la comisión estuvieron de acuerdo en una cosa sobre la guerra en Colombia: "la responsabilidad de la guerra es compartida por las Farc, el Estado y los paramilitares" (*elespectador.com*, 2015). Es decir, mientras los colombianos sigamos siendo históricamente ciegos (y algunos quizá deshonestos) y, en consecuencia, veamos a uno solo de los actores como único responsable de la guerra, seguiremos siendo una nación engañada, dividida y en conflicto. Una nación así tiene todas las garantías para el estancamiento, porque todo el bien que alguien intente hacer será estorbado por otro. Por ello, el documento final de los historiadores colombianos declara que el esclarecimiento de esa historia contribuye "al mejor entendimiento del conflicto que es, finalmente, condición necesaria para su superación". Lo mismo se aplica a los países latinoamericanos que tuvieron dictaduras militares, gobiernos totalitarios y guerras internas. En otras palabras, los grandes conflictos sociales no lo superaremos mientras no conozcamos la historia y mientras permanezcamos cerrados a nuevos datos e interpretaciones. Esto implicará la realización de algunas tareas poco atractivas para muchos. ¡El texto final de la comisión histórica en Colombia tiene más de ochocientas páginas!

Veamos brevemente el camino que recorrió Israel hasta llegar al tiempo cuando fue necesaria la profecía de Oseas en los términos que la tenemos. Empezamos con el gobierno de Roboam (1R 12.1–24), donde figuran las causas políticas, sociales y económicas que explican la división norte (Israel) - sur (Judá): Israel no resiste los impuestos y el trabajo forzado a los que los sometió Salomón. Roboam, en vez de aliviarle a Israel la carga insoportable de impuestos, como se lo piden, responde con petulancia y amenazas. Lo hace porque está tan acostumbrado a esa forma de gobernar que todavía pretende que Israel le sirva como si nada (v. 18).

Con la separación se debilitan ambas naciones y se inicia el camino lento pero seguro hacia la pérdida de la tierra. La gran historia de Israel, que incluye los libros de Josué, Jueces, 1–2 Samuel y 1–2 Reyes, se inicia con la entrada a la tierra prometida (Josué) y termina con la salida de esa tierra (2 Reyes). El gobierno del propio David es criticado de manera inequívoca por abuso de poder, complicidad de la monarquía con los militares para ocultar delitos, y diversas formas de injusticia. De hecho, se responsabiliza a la monarquía por "el desequilibrio social y la falta de equidad y justicia" (Martínez M., 2015, 62). Esto se hace porque fue el sistema el que permaneció, y de ello se debe hablar. Si miramos cómo era el pueblo de Israel bajo el liderazgo de Moisés, Josué o los jueces, notamos que fue un pueblo "duro de cerviz" (Éx 32.9), dado a la idolatría (Jos 24.23) y sin conocimiento de Dios (Jue 2.10). Es decir, antes de la monarquía tampoco practicaron la fidelidad a Dios ni la justicia social de manera ejemplar.

La historia de Nabot y su viña, para citar un caso tristemente emblemático, es representativa del abuso del poder de un gobernante para el despojo y la acumulación de tierras (1R 21.1–29). Esta historia deja en claro que el escritor bíblico tiene la capacidad de notar las consecuencias de la idolatría en un caso específico de justicia social tipificado en la Torá. Aunque no lo diga directamente, es tarea del intérprete notar la conexión. Además, se debe resaltar aquí la función que cumplen los profetas como críticos de los gobiernos, de una manera diferente a como lo hacen los profetas literarios, como Amós, por ejemplo. Cuando observamos que los profetas cumplen la función que por ley les corresponde a los reyes, entonces podemos concluir que los relatos de los profetas abarcan todas las realidades de la vida; no solamente lo que hoy llamamos "espiritual" o cuestiones de la piedad. Al escritor bíblico le interesan todas las realidades humanas, incluyendo las sociales, políticas y económicas. La historia de la viña de Nabot lo demuestra claramente.

Aparentemente, hay dos tipos principales de corrupción: la que ocurre por causa de la pobreza y la que surge de la avaricia. Es decir, la del que necesita (las dos mujeres que se pelean un niño en tiempos de Salomón; 1R 3.16–28) y la del que no se sacia (como se ve en el caso del rey Acab y Jezabel, su mujer; 1R 21.1–16). Cuando el poderoso, como en este caso, actúa injustamente contra el pobre, comete una de las ofensas más graves delante de Dios. Por ello, los profetas denuncian estos hechos con tanta insistencia y vehemencia. El hecho de quitarle a una familia su heredad significa condenarla a la esclavitud. Esto para Oseas es sembrar iniquidad de la que luego se cosecha más violencia y muerte.

Lo que en apariencia se podría leer como una propuesta normal de negocios: "Te cambio tu viña por una mejor en otra parte o te la compro por lo que valga" (1R 21.2), en realidad es expresión de un mal nacional grave. El dueño de la viña, Nabot, es jezrelita y su viña está en Jezreel. Por ello, la respuesta de Nabot es: "Ni lo permita Dios que yo te venda a ti la herencia de mis padres". La expresión, "ni lo permita Dios" (*ḥālîlâ llî mēd̲ōnāy*), es el "no" más rotundo que se puede pronunciar (cp. 1S 12.23; 1Cr 11.19; Job 27.5), como última palabra, de lo que no se puede hacer de ninguna manera y por ninguna razón. Pero Nabot tiene un grave problema: es vecino de un hombre poderoso y ambicioso.

Como se ve en el caso de la viña de Nabot, "[l]a corrupción es más que simplemente una apropiación indebida de los recursos públicos con fines privados. Es también la voluntad para violar códigos establecidos de comportamiento y reemplazarlos por otros, que bien pudieran tener similitudes con los que se han echado a un lado". Es decir, de la corrupción "hay que estudiar no solamente códigos de conducta, sino también códigos de corrupción [...]" (Yue y Peters, 2015: 447). Acab y Jezabel se valen hábilmente hasta de los ritos religiosos existentes, la piedad y la ingenuidad de la gente para llevar a cabo sus planes malévolos y al final quedar como si todo hubiera ocurrido por causas totalmente diferentes de las reales, hasta pretenden aparecer como defensores de la ley y de las cosas sagradas. Pero el engaño no dura mucho, porque al fin y al cabo la historia hará justicia, y Dios también. El mundo de Acab y Jezabel se parece al que conocemos hoy, como bien se describe en la novela *El miedo a los animales*:

> El mundo entero estaba hundido en la corrupción, incluyendo a la gente que decía luchar contra ella. El hombre se inventaba máscaras para ocultar su vileza, y la más peligrosa de todas era la máscara del justo, porque proporcionaba a los idiotas un reflejo idealizado de su propio carácter. (Serna, 1995)

Ante la presencia de la injusticia social, los cristianos no solamente nos preguntamos qué hacer, sino que intentamos aprender a orar de manera que nuestra acción, además de estar informada y pensada, provenga del encuentro con Dios. En la oración comprendemos qué podemos hacer y qué esperamos que Dios haga. Esto es importante, porque, como nos lo advierte Santiago, la sola información podría llevarnos a la ira y conducirnos a cometer más injusticias de las que ya existen. Los salmos abundan en oraciones provocadas por la presencia de la injusticia sufrida por individuos y por colectividades. Mencionaremos sólo unos cuantos ejemplos que podrían orientar nuestra oración y enriquecer nuestro culto.

Salmo 9. Es cierto que algunos salmos le reclaman a Dios su presencia para que haga justicia. Estas oraciones brotan no sólo de labios sinceros, sino de un pilar de la fe bíblica: El Señor reina eternamente y dispone el tribunal para juzgar (v. 8). Al lado de esto se cualifica la función divina: Dios juzga el orbe con justicia y rige las naciones con rectitud (v. 9). Aquí está un asunto esencial de la teología del Antiguo Testamento. Por ello, Dios es "el que venga la sangre" (v. 13), el que hace justicia (v. 17). Por eso, el pagano cae en su propia fosa, se enreda. La justicia de Dios consiste en no olvidar a los que lo buscan (v. 11), al pobre (v. 19). El Señor es baluarte/refugio/alcázar/ (*miśgāḇ*) de los oprimidos.

Salmo 26. Redímeme y compadécete de mí. Así termina este salmo después de haber descrito a los corruptos. El versículo final afirma con convicción: "Me mantengo en el camino recto; en la congregación bendeciré al Señor". Es fácil ver cómo se podría enriquecer nuestra liturgia si oráramos estos salmos frente casos específicos de injusticia que conozcamos (cp. Dt 26.12–15).

Salmo 52. Éste es un salmo dirigido específicamente al delincuente, al que es poderoso para el delito (v. 9). La palabra es clara, dura y contundente: Dios te destruirá. Esta convicción bíblica es la base de las oraciones imprecatorias y las que piden justicia y salvación; del que confía "en la lealtad de Dios" (v. 10).

Salmo 82.1–4. Éste es probablemente un texto que poco leemos en el culto cristiano y poco acompaña nuestras oraciones. Quedaría muy bien meditar y orar estas palabras en vísperas de elecciones para el congreso. En este salmo, Dios habla contra la legislación y los tribunales tramposos y torcidos que no cumplen la misión de defender al desvalido. La petición que se le hace a Dios ante esta situación es que se levante y juzgue la tierra porque él es el dueño de todos los pueblos (cp. Sal 35.22–23).

Salmo 45. Tenemos aquí un himno comprometedor que le indica al gobernante el bien más alto que debe motivar sus acciones, lo que lo debe hacer sentir triunfante, lo que lo convertirá en motivo de orgullo para la nación: el rey "cabalga victorioso por la verdad y la justicia" (v. 5) porque ama la justicia y odia la iniquidad (v. 8). El creyente no puede conformarse con una medida inferior a esta ni pensar que con una unción de cierto pastor de renombre el gobernante será honrado. Ningún gobernante la alcanzará a la perfección, pero no por eso tenemos permiso para inventar otra medida.

Conclusión

La justicia es un estado de cosas en una sociedad. No se limita a leyes y jueces. Tiene que ver con las relaciones y la forma de ser de una sociedad. Va desde los medios por los que los niños se transportan al colegio en las zonas rurales hasta la condena para un funcionario corrupto; desde los salarios de los maestros hasta los salarios de los congresistas; desde la distribución de las regalías de la riqueza natural hasta el cuidado del medioambiente. La justicia tiene que ver con la forma como funciona una nación. En otras palabras, la práctica de la justicia representa la identidad moral de una comunidad, su carácter, que, en el caso de Israel, debería ser fruto de una comprensión de su historia como extranjeros, esclavos y peregrinos. Esta historia los invita a imitar a Dios y tratar a quienes están en esa condición vulnerable como Él los trató a ustedes cuando estuvieron en ella. Esta comprensión de la ética da cuenta de la simultaneidad entre conocer a Dios y conocer su voluntad (Birch, 1991: 165-68).

Por lo tanto, el profeta Oseas (y los profetas bíblicos en general) usa la justicia como marco de referencia para interpretar la historia, para pensar en la economía, para incentivar la distribución justa de la tierra y la riqueza, para que haya un disfrute generalizado de la abundancia, para orientar la oración y para reconstruir el tejido social. En el caso de Oseas, aparece en forma de una declaración de amor que, a pesar de la infidelidad, afirma la permanencia de la relación: para siempre; describe los términos: en justicia y en derecho, en misericordia y en compasión, en honestidad; y revela un resultado: Israel conocerá al Señor (2.19–20 [21–22]):

> *... te desposaré conmigo*
> *para siempre;*
> *te desposaré conmigo*
> *en justicia y en derecho,*
> *en misericordia y en compasión;*
> *te desposaré conmigo*
> *en honestidad;*
> *y tú conocerás*
> *al Señor.*

La justicia es una de las marcas fundamentales del carácter de Dios en el pueblo de Dios. Es algo absolutamente extraordinario: el pueblo de Dios llamado a reflejar el carácter de Dios. Los profetas son los defensores de estas marcas, las cuales son todo lo opuesto a la corrupción. Pero, para que el profeta pueda ejercer esta defensa, debe tener una de estas dos características: no comer del sistema corrupto o estar dispuesto a dejar de hacerlo. En el Nuevo Testamento estamos llamados a buscar el reino de Dios y su justicia porque la justicia es el fundamento del reino de Dios (Mt 6.33).

Capítulo 3

Oseas denuncia la corrupción del gobierno y la política

Introducción

En este capítulo nos proponemos explorar el mensaje de Oseas contra la corrupción en la política y el gobierno. En el capítulo anterior ya hemos aludido a algunos aspectos relacionados con el gobierno. El tema que aquí nos ocupa es de gran importancia porque son los políticos y los gobiernos quienes administran los recursos y dirigen el rumbo de un país. Junto con esto, es necesario notar que política es más que políticos, votos y gobiernos. Por ello, algunos hablan de Política (con mayúscula) y de política (con minúscula). La Política nos incluye a todos por el solo hecho de vivir en un país regido por una constitución y unas leyes, y por formar parte de una comunidad de naciones. Para no confundir, usaremos aquí política con minúscula; el contexto sugerirá a qué nos referimos; no siempre es posible separar la una de la otra.

Para empezar, pensemos en las implicaciones de política y gobierno para los ciudadanos de un país. En América Latina, por ejemplo, sobra la tierra productiva, sobra la producción de alimentos, pero, al mismo tiempo, hay mucha gente que padece hambre, violencia, atraso, y una desigualdad escandalosa. Hasta la fecha, y después de décadas en la categoría de "países en vía de desarrollo", nadie ha descubierto cuál es el camino para superar tantas carencias. Paralelamente a ello, existen en casi todos los países unas pocas familias cuya riqueza es incalculable. Estos pocos son los únicos que disfrutan a plenitud la abundancia. Es decir, somos países en vía de atraso, no de desarrollo. La brecha entre ricos y pobres, según los estudios, va en aumento. Lo mismo es lo que ocurría en Israel en tiempos de Oseas y, como Dios se opone a esto, por eso envió a sus profetas a predicar contra los políticos y gobernantes corruptos. La premisa es que Dios ha dado la tierra y su riqueza para el disfrute de todos los seres humanos, creados a imagen y semejanza de Dios. Cuando esto no ocurre, Dios es el primero en venirse en contra de quienes crean, mantienen y perpetúan esta situación.

Uno de los caminos que se nos ha vendido como forma de aumentar el empleo y superar las dificultades económicas ha sido el de los tratados de libre comercio. Pero, además de los tratados comerciales, existen las políticas internas de los países y el interior del ser humano. De nada sirven constituciones, leyes y tratados hermosos en países gobernados por tramposos. Para citar el ejemplo bíblico, Israel y Judá tuvieron la Ley de Dios, la cual incluía sanciones muy severas para los infractores. Sin embargo, ya sabemos qué pasó. En el antiguo Israel también hubo reyes que hicieron grandes reformas, como Ezequías y Josías, pero tan pronto como murieron, la nación volvió a sus andanzas. La transformación de una nación quizá es comparable al fútbol: se deben tener escuelas donde la fundamentación comienza desde temprana edad. Pero también sabemos que en el fútbol hay unas escuelas mejores que otras.

En términos generales, los latinoamericanos damos por hecho que no va a funcionar ninguna de las reformas que se hagan a la justicia, a la política y al gobierno de un país; no creemos que las leyes vayan a transformar verdaderamente la forma de conducta de los ciudadanos de a pie o de vehículo blindado.

El primer problema que enfrentamos al estudiar la corrupción en la política y el gobierno es el establecimiento de un método seguro para determinar, no tanto *la existencia* de la corrupción, ya que ésta se da por sentado, sino *el grado* de corrupción en un país. El número de políticos, empleados públicos y privados investigados y sentenciados por corruptos no es confiable porque nunca caen todos. Muchos expertos se guían por Transparencia Internacional, pero la dificultad es que esta entidad mide "percepción" y, como veremos en el capítulo 4, la percepción de lo que es corrupción está determinada por la cultura. Por ejemplo, para muchos en Colombia vender o comprar votos, el trasteo de votos, obligar a empleados (hasta de universidades privadas) a votar por alguien, el transfuguismo electoral y el "aval" de un candidato independiente de su ideología política se consideran todos normales para quienes en su vida no han conocido otra forma de hacer política distinta de la trampa que asegura la victoria.

Estado, gobierno y política

Antes de seguir, vale la pena definir y distinguir algunos términos clave de esta discusión: Estado, gobierno y política. Se entiende por Estado todo el andamiaje oficial que le da orden y coherencia a la vida y funcionamiento de un país. En el caso colombiano existen tres ramas del poder (ejecutiva, legislativa y judicial) y diversos órganos autónomos e independientes (Manrique, 2010: 78).

Por gobierno entendemos las políticas y programas de un gobernante (presidente, gobernador, alcalde y demás) dentro de un periodo de tiempo determinado.

La palabra política tiene dos acepciones principales. Cuando se usa en singular y plural (política y políticas) se refiere a un principio de acción implementado por un gobierno, una persona o cualquier entidad. Por ejemplo, una política del gobierno del presidente Juan Manuel Santos en Colombia fue buscar una paz negociada con la guerrilla de las FARC. Los alcaldes y gobernadores hablan de políticas para mejorar la educación, dar empleo a los jóvenes, perseguir delincuentes.

También se entiende por política la actividad que desarrollan ciertos individuos por medio de cargos públicos. Sin embargo, es de suma importancia notar que políticos no son solamente las personas que hacen campaña para ser elegidos a un cargo público. Querámoslo o no, políticos somos todos los ciudadanos; las acciones y omisiones de cada ciudadano tienen un componente político. Son actividades políticas intencionales todas las decisiones y prácticas civiles de los ciudadanos que contribuyen al bienestar social, las cuales van desde la participación en las urnas hasta la conformación de veedurías ciudadanas para luchar contra la corrupción o algún otro mal social grave. La robustez de una democracia será mayor en la medida en que los ciudadanos participen en actividades ciudadanas más allá de las urnas. Las elecciones en un país podrán ser "libres y justas", pero si solamente unos pocos votan, de poco sirve que lo sean. Además, habrá más democracia en la medida en que exista un respeto por los derechos y las libertades humanas en la realidad, no sólo en forma de artículos de la constitución (Freston, 2008, ix). Hablamos de democracia en nuestros países, pero la profundidad de la democracia latinoamericana "se ve desafiada por la desigualdad económica y el estancamiento" (Freston, 2008: 3).

Quiroz habla de la "corrupción orgánica y sistémica" para referirse a "[l]as más altas autoridades" que encabezan "oscuros intereses decididos a conseguir o permitir beneficios políticos y pecuniarios ilícitos, manipulando mecanismos financieros e institucionales vulnerables" (Quiroz, 2015: 174).

Los evangélicos y la política en América Latina

El mayor pecado que cometeremos en esta sección será la generalización. No todo lo que sigue se aplica a cada país de América Latina ni a cada político cristiano. Sin embargo, intentamos recoger de manera muy breve los resultados que arrojan estudios especializados recientes sobre la materia.

Empezamos con un reconocimiento triste y lamentable: la historia de la participación de los evangélicos latinoamericanos en política no es la más halagadora. Seguramente habrá excepciones, pero a la hora del análisis nos toca seguirnos por la regla general. Sin entrar en detalles de nombres, casos y escándalos, da la impresión de que en nuestros políticos cristianos en general ha pesado más la cultura política tradicional que la ética del evangelio:

> "... los evangélicos que entran en la arena de la política han demostrado no estar menos sujetos que otros a sus dinámicas y tentaciones características, incluyendo la búsqueda corporativa (*corporalist*) de intereses particulares de grupo y en contra del bien común y la participación en relaciones patrón-cliente corruptas. Precisamente donde los evangélicos vigorosamente buscan su parte en la torta política, en otras palabras, el resultado casi inevitable en que 'la política contraataca'. Los evangélicos que procuran mejorar su reconocimiento e influencia políticos por cualquier medio, pronto ven que su integridad, reputación e influencia políticas sufren un revés tras otro". (Del prefacio de T. S. Shah en Freston, 2008, xiii)

Una descripción de la historia reciente de América Latina señala los problemas de fondo, los que nos afectan a todos, especialmente a los más pobres. De estos temas se deberían ocupar los políticos, principalmente los que dicen conocer la Biblia y hablar en nombre de los cristianos:

> La crisis económica, si bien es menos severa que la mayor parte de África está marcada por unas desigualdades alarmantes. La economía informal es a menudo enorme. Una estructura de tenencia

> de tierras altamente concentrada en la mayoría de los países es dada a menudo como una razón para la incapacidad de seguir a los Tigres asiáticos; otra es el gasto público mínimo en educación y salud. Desde comienzos de la década del ochenta, la deuda externa ha sido una piedra de molino en el cuello de la región. Los ochenta fueron conocidos como la "Década perdida" en la cual las esperanzas de desarrollo se hicieron trizas; y la tendencia hacia las políticas neoliberales en la década del noventa acentuaron las divisiones sociales y (con pocas excepciones, como Chile) produjeron resultados macroeconómicos vacilantes. (Freston, 2008: 10)

Las dos citas anteriores describen el estado general que causa la pobreza, la violencia y el atraso, y la participación triste de los evangélicos en política. Sin embargo, a la hora de movilizarse, a los evangélicos no parece interesarles la corrupción ni la pobreza ni la desigualdad generalizadas; sólo parece interesarles tres temas: el aborto, el matrimonio homosexual y la adopción de niños por parte de parejas homosexuales.

¿Qué hace que nos ocupemos y nos movilicemos más por ciertos temas cuando son otros los problemas históricos más graves y que afectan a la mayor parte de la población? ¿Quién nos (im)pone la agenda política? Por ejemplo, si el problema principal de un país como Colombia es la corrupción y la desigualdad, ¿cómo pueden políticos extremadamente ricos movilizar a los pobres para defender la familia, las instituciones y la democracia? Allí hay algo muy extraño. Las instituciones, la democracia y la familia que a estos políticos les interesa no es otra que aquella que los mantiene a ellos arriba y a los demás abajo. Su mérito ha sido enfocarse en temas que tocan las fibras más íntimas de los evangélicos: las instituciones. Por ello, no toman en cuenta que en un país de tanta desigualdad es absolutamente inmoral que individuos que concentran grandes riquezas se presenten como defensores de la democracia. ¿Qué democracia puede haber en medio de tanta desigualdad? Pero, a la hora del sentimiento encendido por la indignación históricamente desinformada, no se ve lo demás.

Quizá la situación se explica si consideramos algunos aspectos de la historia del protestantismo en América Latina:

> La identidad protestante latinoamericana se forjó como una fuerte oposición al catolicismo dominante. Tuvo que luchar para abrirse campo en la política en un contexto católico, de modo que

> la operacionalización política de una identidad específicamente protestante (en vez de cristiana genérica) es en general más pronunciada que en el resto del mundo. Sin embargo, hablar de una "Reforma", análoga a la reforma de la Europa del siglo dieciséis es engañoso. En contraste con el norte de Europa, la penetración del protestantismo de América Latina no se debió a reformas nacionales bajo la tutela del Estado; y en contraste con partes de África y Asia, no se debió al apoyo de los gobiernos coloniales. En cambio, la presencia protestante (iniciada en el período poscolonial) tuvo que ser dolorosamente construida en sus comienzos estirando las limitaciones legales sobre libertad religiosa. (Freston, 2008: 13–14)

El protestantismo latinoamericano ha sido, pues, una minoría en la periferia social, económica y política que, como forma de superar los concomitantes complejos de inferioridad, no pierde la más mínima oportunidad para figurar, ostentar poder y desplegar protagonismo. Con ese comportamiento, se ha buscado mejorar la imagen. Quienes no han sufrido de estos males, simplemente se han mantenido en su labor de anunciar el evangelio con la palabra y las buenas obras.

El profeta Oseas predica contra el gobierno y los políticos corruptos

Dios se opone a la maldad donde ésta aparezca. El profeta Oseas es enviado por Dios para denunciar el enriquecimiento de unos pocos de la élite a expensas del trabajo, la impotencia y la ignorancia de la mayoría. En este caso quienes mantienen este estado de cosas son el gobierno y los privilegiados de la sociedad. Contra ellos es el mensaje.

Ama otra vez a la mujer prostituta (Os 3.1–5)

Al profeta Oseas le interesa la renovación política de Israel. Esto se ve claramente en las profecías sobre los militares, la economía y los líderes de la nación. Oseas 3 trata temas fundamentales de la política, pero principalmente la relación de los creyentes con ella.

La propuesta de Oseas para la renovación política de Israel es una combinación de amor con disciplina. Según el biblista argentino Esteban Voth, "al leer a los profetas, pronto nos damos cuenta de que uno de los problemas principales que denuncian [...] es la presencia de un liderazgo corrupto" (Voth, "Los profetas y la misión integral" en

Padilla y Segura [eds.], 2006: 166), lo cual se refiere específicamente a los líderes políticos y religiosos. Los dos van juntos, porque religión y política no eran campos tan fáciles de separar en la antigüedad, como no lo son hoy tampoco, por mucho que las constituciones digan lo contrario, como lo demuestra la historia reciente de la participación de los cristianos evangélicos en política en América Latina, de modo que esta separación que hacemos aquí no deja de ser artificial. Para superar este escollo, procuraremos mantener los dos temas en diálogo permanente.

Según los capítulos 2 y 3 de Miqueas, añade Voth, "el problema principal que identifican los profetas es la irresponsabilidad, corrupción e insensibilidad de los líderes del pueblo". Es decir, no cumplen con la tarea encomendada porque utilizan su posición para enriquecerse y no escuchan al pueblo ni les importa la condición en que están por culpa de su irresponsabilidad. Veamos cómo le habla Dios a Israel sobre este tema por medio del profeta Oseas.

Este corto capítulo (Os 3) tiene paralelos claros con partes del capítulo 1. No deja de sorprender que la orden que Dios le da al profeta es contraria a lo que dice la misma Ley de Dios (Dt 24.1–4). Sin embargo, eso que Dios le manda al profeta es en esencia lo que Él mismo hace con Israel. La orden para el profeta es amar a la prostituta como ama el Señor a los israelitas. Así, la respuesta de Dios a la infidelidad de Israel es el amor, más amor.

Es imposible pasar por alto lo extraordinario de la presencia de tantos profetas y obras de Dios en el reino del norte, el cual es considerado apóstata en el libro de Reyes, pero donde Dios se manifiesta de diversas maneras por medio de los profetas Elías y Eliseo. La prolongación de la bondad de Dios y de la existencia de Israel son de alguna manera contrarias al pacto. Legalmente se debió haber dado por terminado, pero el Señor no lo hizo, por causa de la gracia.

La expresión del amor de Dios entra metafóricamente en el bajo mundo de la trata de personas en la época de Oseas: la compra de la mujer. Además de ser comprada, la mujer será sometida a un tratamiento que representa lo que Dios hará con Israel: el aislamiento. El atenuante del choque que produce aquí la trata de personas y el subsecuente maltrato es que en este caso no será para el abuso, sino para la redención. Es ineludible que en este punto la figura de la relación matrimonial se enturbie más de lo que ya estaba, puesto que a Dios se le podría acusar de abusador y de ser mal ejemplo, especialmente para quienes buscan justificar sus pecados a punta de versículos. De esto ya hemos dicho algo en la introducción.

Figuran en este capítulo los tres ídolos clásicos de todos los tiempos que marcan y hasta definen la identidad de una sociedad: el dinero, la fama y el poder, los cuales están representados en el tamaño de la economía, las Fuerzas Armadas y el conocimiento. Esto último hoy en día está representado en un nuevo ídolo que resulta de la combinación de la ciencia y la tecnología; de éstas dependemos para todo y muchos creen que con ellas se solucionarán los problemas de la humanidad. Pero ya se está viendo que no. El pueblo de Dios no es totalmente ajeno a la búsqueda de algunas de estas cosas. Por ello, la iglesia debe preguntarse si las usa para el servicio a Dios y al prójimo o "para convertirnos hoy en una iglesia rica y bien considerada, que también es un factor político de poder" (Wolff, 1984: 73–74).

La disciplina que Oseas deberá imponerle a su mujer, la misma que Dios le impondrá a su pueblo, consiste en quitarle las oportunidades para fornicar (Os 3.4). Fornicar, recordemos, es una metáfora que se refiere al abandono de Dios y su palabra; normalmente incluye adoración de otros dioses, pero no está limitada a eso. El tratamiento para la fornicación se hace necesario porque busca la restauración que por métodos más amables no se había podido lograr. En este versículo la metáfora de la prostitución se aplica a las instituciones, donde se constatan dos focos centrales de corrupción: el aparato religioso y el aparato estatal. Habiendo perdido Israel el andamiaje corrupto sobre el que se sostiene, tendrá la posibilidad de vivir única y exclusivamente del amor de Dios. El término clave aquí es la preposición "sin" (heb. *'eyn*), que aparece cinco veces en un versículo:

> *Porque muchos días habitarán los israelitas*
> sin *rey y* sin *príncipe,*
> sin *sacrificio y* sin *altar,*
> sin *efod ni ídolos*

Las tres parejas de sustantivos indican con claridad el objetivo del mensaje. El rey y el príncipe se refieren al gobierno actual y al sucesor; el sacrificio y el altar tienen que ver con el culto "normal"; el efod y los ídolos son los objetos del culto pagano.

Sabemos por la historia que la eliminación de estas seis cosas fue literal. La monarquía se acabó tanto en el reino del norte como en el del sur. La misma suerte corrieron los altares y los sacrificios a Baal. Todo eso se terminó con las invasiones de los imperios del norte. El reino de Israel fue desmantelado por los asirios en 722 a. C., y el de Judá por los babilonios en 587 a. C. Ninguno de los dos volvió a ser independiente hasta mediados del siglo XX cuando se reconstituyó el Estado de Israel.

Esta palabra, pronunciada por Oseas (3.4) y otros profetas, se cumplió al pie de la letra. Todas estas pérdidas obligaron al pueblo de Dios a reflexionar seriamente sobre la fe y la vida de la fe. A pesar de todo, no se puede perder de vista que el tratamiento fue muy costoso y el resultado tampoco se produjo de inmediato.

El tema de la desinstitucionalización es de mucho interés para mí. De hecho, según un autor, casi todo el libro de Oseas está dedicado a desempacar el contenido de este versículo (Landy, 2011: 50). Se trata de la pérdida de todo sentido de estructura y orden. Puede ser que mucho de eso ya lo tenemos hoy en algunos países, instituciones fundamentales para la identidad y el funcionamiento de una nación que se han deslegitimado a sí mismas por causa de la corrupción. Los estudios académicos demuestran que en las nuevas generaciones se evidencia una pérdida total de la confianza en las instituciones, que incluyen el trabajo, la familia, los partidos políticos, la religión y la educación (Saintout, 2007). Esto que se estudió en Argentina hace unos años lo puede uno constatar en las actitudes y conversaciones con los jóvenes en Colombia. La situación es más o menos así: mis padres (que andan en los ochentas) creen en las instituciones; mi generación (que anda en los cincuentas) duda, y los jóvenes simplemente no encuentran su identidad en ninguna de las cosas en las que creyeron mis padres. Sin necesidad de ir al exilio, vamos camino hacia una desinstitucionalización. Estudios realizados en México muestran una realidad similar (Reguillo, 2010). Lo que más interesa a última hora es el pequeño círculo de amigos, comer y pasear con ellos, y un celular para poder comunicarse con ellos. Todo lo demás importa poco.

La desinstitucionalización, que en el caso de Israel fue por el exilio y en el nuestro en gran parte por la corrupción, pone al ciudadano en una situación parecida a la del preso aislado y con tiempo de sobra para pensar: sin rey y sin príncipe, y sin sacrificio y sin altar, y sin efod ni ídolos. En el exilio desaparece todo lo que le da un orden y sentido a la vida.

La propuesta de Oseas no es la anarquía, sino la pérdida de la autonomía. Habrá otro orden distinto al que han conocido; otros los mandarán. De momento la opción no sería un gran líder militar que traería justicia. Ya era conocida la opción Jehú, la de los que dicen que llegan a poner orden, pero normalmente lo que hacen es crear un nuevo desorden que los beneficie de algún modo.

Según el mensaje profético, lo que Israel necesitaba en ese momento no era un rey poderoso que dijera "conmigo todo va a cambiar". Ese discurso ya estaba gastado. Lo que Israel necesitaba era un *tour* por el desierto, el cual se presenta como el tratamiento para la conversión: "Después los israelitas volverán (o se convertirán) y buscarán al Señor su Dios y a su rey David; vendrán temblorosos al Señor y a su bondad en los últimos días" (3.5). Éste es el rey que viene a reinar sin armas convencionales. El David de este texto es el polo opuesto de Jehú. Note la secuencia 1.7; 2.20. No más Jehú. Esto forma parte esencial del reencuentro de Israel con su Dios; y siguió siendo tema de discusión en el Nuevo Testamento. El Señor envía a Jesús y el pueblo de Dios quiere otro Jehú.

¿Necesita renovación el pueblo de Dios? ¿Cómo concebimos tal renovación, ya que que hemos pasado por tantas supuestas renovaciones y avivamientos en los últimos años? Es posible que parte de la respuesta esté en el reconocimiento de que las instituciones que histórica y sistemáticamente nos han fallado no son dignas de nuestra confianza última: "Sólo cuando la iglesia se halla sin dinero, sin prestigio y sin poder, es cuando advierte ella qué es lo que tiene en el amor, que supera al mundo, de su Señor crucificado y resucitado; entonces la fe será sana, el amor honrado y la esperanza fuerte; entonces empezará a alabar a Dios desde el fondo del corazón" (Wolff, 1984: 76).

Vale la pena notar que en el periodo de los jueces tampoco había rey en Israel y cada uno hacía lo que bien le parecía (Jue 17.6; 18.1; 19.1; 21.25). El cuadro de Jueces es terrible: guerras y masacres, hambre, idolatría, violaciones. Al lector de Jueces le da la impresión de que todo esto ocurre porque no hay rey. Por ello, llegan a la conclusión de que, si lo hubiera, nada de eso pasaría. Esto mismo creían los israelitas cuando le pidieron a Samuel que les diera un rey (1S 8). Sin embargo, lo que Oseas dice es lo contrario: que se van a quedar sin rey para que estos problemas sociales y religiosos se solucionen. La meta de Oseas, insistimos, no es la anarquía, puesto que lo que no tendrán son instituciones propias, ya que serán sometidos; es decir, el orden lo pondrán otros con sus propias instituciones. Este estado de cosas lo describen algunos académicos como "tiempo de carencia".

En 2 Crónicas 15.3 aparece el mismo tema: *Y por muchos días Israel estuvo sin el Dios verdadero, y sin sacerdote que enseñara, y sin ley.* A estos textos se los conoce también con el nombre de "escenarios de desastre".

Tradicionalmente se ha interpretado la terminación de estas instituciones en Oseas como una referencia al exilio. Un autor sudafricano ha propuesto que no se trata necesariamente de una realidad histórica. sino de "un *topos literario* que retrata una sociedad en desorden; una sociedad privada de lo indispensable para la supervivencia político-religiosa" (Kruger, 2012: 253). No tenemos que resolver aquí el asunto de si es referencia al exilio o no. Sin embargo, me permito hacer un par de comentarios: 1) el hecho de que exista como lugar común literario no significa que no pueda referirse a una realidad también; y 2) el hecho de que se hable del tema como realidad presente no significa que no pueda referirse además a una realidad futura.

Algunos males específicos relacionados con la corrupción política (Os 7.1–7)

El hecho de que se le endilgue una responsabilidad importante a los gobernantes no significa que el pueblo es inocente. Oseas presenta un cuadro donde el gobierno y el pueblo se han confabulado para la maldad y la mentira. De todos modos, lo poco que dice Oseas directamente de los gobernantes es para denunciar lo malo que son, cosa que el libro de Reyes y los profetas literarios (como Isaías y Amós) sí exponen con lujo de detalles.

Una de las grandes diferencias entre Israel y Judá es que en el norte no gobernó una sola dinastía. De hecho, hubo varios golpes de Estado por vía del asesinato. Durante la última etapa de la existencia del reino del norte hubo cuatro reyes asesinados en doce años. Todos seguramente llegaban con planes de arreglar los problemas que los impulsaban a eliminar al rey del momento. Oseas no se detiene a hacer distinciones entre unos y otros; los mete a todos en un mismo saco, el que se merecen, y les da un calificativo claro, breve y contundente, reino de maldad y falsedad (cp. 6.8–9 y 7.1).

Para que no se te olvide

Las metáforas se utilizan en la comunicación para que un mensaje no solamente se entienda, sino para que se establezca en la mente del público de manera permanente. Un mensaje codificado en forma de metáfora nos da acceso a un conocimiento de manera compleja y al tiempo elegante; en este caso se trata de aspectos del carácter de Dios y de Israel (Os 5.8–14; 7.3–7).

Las dos metáforas sobre Dios que aparecen aquí tienen connotaciones negativas (5.12). En el mundo bíblico las casas se construían con piedra y madera, así que todos estaban familiarizados con la polilla (*'ash*) y los daños que causaba a la madera. Los léxicos más recientes dan la opción de traducir la palabra hebrea *'ash* como "pus". Entre estos dos no hay mucho para escoger, si preferimos a Dios como polilla o como pus. En realidad, la opción del pus no parece tener sustento en ninguna parte. Además, desde lo poético, la imagen de la polilla se halla conectada de manera sonora a la opresión: Efraín está oprimido (*'ashuq*); yo seré como polilla (*'ash*) para Efraín (v. 11).

La siguiente metáfora tiene que ver con un animal de otra especie y categoría (5.14). La polilla representa al destructor diminuto, silencioso e imperceptible. Nadie se asusta ni sale corriendo al ver una polilla, si acaso la ve. El león, por su parte, representa el otro extremo de la destrucción, enfatizado con el pronombre personal "yo" que aquí se usa. Juntas las dos imágenes (polilla-león) indican la destrucción por dentro y por fuera, la que se ve y la que no se ve, la que asusta y la que no intranquiliza a nadie.

Como precaución, pensando en estudiantes y predicadores, en la interpretación de imágenes y metáforas debemos considerar por lo menos tres aspectos:

1. Cuál es el punto de comparación de las imágenes que, aunque diversas, se usan de forma paralela. No podemos decir que las polillas del tiempo de Oseas eran mucho más grandes ni cosas así. El punto de comparación de la polilla con el león es la destrucción, no el tamaño del animal ni el miedo que produce.
2. Si bien las imágenes tienen mucha riqueza, también tienen limitaciones en su uso. Es decir, una imagen puede tener usos variados, y como las palabras, no contiene todas las posibilidades de significado cada vez que se utiliza. La polilla nunca es buena ni el león siempre malo. Sin embargo, la hormiga, que puede ser muy dañina, es símbolo de laboriosidad, asunto en el que la polilla tampoco se queda atrás; una diferencia de esta última es que se halla oculta en la madera.

3. Y, por último, es bueno preguntar en qué otros sentidos se usa la misma imagen en la Biblia. El león, por ejemplo, representa fortaleza y majestad, no siempre destrucción.

Las metáforas que se usan para Israel aquí son todas comunes y corrientes, y reflejan algo de la forma de vida en tiempos de Oseas. La metáfora de Israel como fogón/horno está ligada a la conducta adúltera (Os 7.4), uso no muy distinto al actual en la asociación de la actividad sexual con altas temperaturas del cuerpo. El valor comunicativo de esta imagen y sus posibilidades para el recuerdo es múltiple. Aunque aquí parece referirse al panadero, el horno se puede ver, sentir, y de él salen los panes que la gente come. Es decir, es una imagen que le da a quien la escucha la posibilidad de encontrarse una y otra vez con el mensaje. Aquí está la clave para la selección de imágenes y metáforas que contribuyen no sólo a la comprensión del mensaje, sino también al recuerdo de éste.

Lo mismo podemos decir de las otras imágenes usadas aquí para referirse a Israel: paloma atolondrada, pájaros, novilla domesticada y presa bien asegurada. Todas éstas tienen que ver con el hecho de ser incautos y de estar a merced de la habilidad de otros para dominarlos. En todas partes hay un ave o algún otro animal reconocido por su escasa astucia.

Ley, historia y oración

De entre las complejidades de la historia de Israel y Judá durante el periodo monárquico, podemos señalar algunos detalles que muestran el grado y la extensión de la corrupción de políticos y gobernantes con sus efectos en la sociedad.

Dice en la Torá:

> *Nombrarás para ti jueces y oficiales en todas las ciudades que el Señor tu Dios te da, según tus tribus, y ellos juzgarán al pueblo con justo juicio. No torcerás la justicia; no harás acepción de personas, ni tomarás soborno, porque el soborno ciega los ojos del sabio y pervierte las palabras del justo. La justicia,* y sólo *la justicia buscarás, para que vivas y poseas la tierra que el Señor tu Dios te da.* (Dt 16.18–20, LBLA)

La ley es la plataforma bíblica desde la cual se juzga si un gobierno ha sido bueno o malo. En esa ley, la justicia social ocupa un papel preponderante. El texto citado de Deuteronomio muestra el procedimiento para establecer justicia (nombrar jueces en todas partes), la expectativa (juzgar al pueblo con justo juicio), la perversión (torcer la justicia, ofrecer y recibir soborno), la centralidad de la justicia (la buscarás) y las consecuencias de la justicia (vivir y poseer la tierra). En otras palabras, sin la práctica de la justicia de esta manera, no puede ser viable ni Israel ni ningún otro pueblo.

Muchos de los litigios y descontentos en sociedades agrarias tienen que ver con tierras, linderos, pesas y medidas, comercialización de productos, daños a cultivos, préstamos y convivencia. Es decir, están relacionados con las actividades económicas. La actividad de los jueces es fundamental porque muchos de estos casos determinaban si los pobres podían mantener la posesión de su heredad ancestral, si seguían siendo libres, si podían conservar su actividad económica y si les era posible asegurar el bienestar de su familia.

Algunas leyes de Deuteronomio tienen como fin la promoción de la justicia y la designación de funcionarios que vigilen el cumplimiento de ese fin. Es decir, hay aquí una clara relación entre fe y política (Dt 16.18–20). Los jueces y funcionarios juzgarán sin perversión, sin parcialidad, sin soborno (Mi 3.11; Mal 2.9). El soborno ha sido y es uno de los más grandes problemas en la administración pública y la justicia. Los términos justicia (*mishpat*) y justo (*tsadiq*) se combinan frecuentemente en el Antiguo Testamento (p. ej., Am 5.24) para expresar los fundamentos del orden social. De esto ya hemos visto algo y volveremos al tema cuando hablemos de la teología anticorrupción.

Además de la justicia estricta y matemática de dar a cada uno lo que le corresponde, existe en la Biblia la comprensión de la realidad social mayor y el trato humanitario. En pocas palabras, como los pobres no siempre pueden escoger dónde vivir ni en qué trabajar, es deber de todo gobierno darles un trato diferencial. El perverso círculo vicioso de la economía centrada en la mayor ganancia al menor costo hace que los pobres terminen metidos en trampas sociales y negocios desventajosos. Por ello, también existen instrucciones específicas que obligan a la sociedad a ir más allá del mero cumplimiento de las obligaciones adquiridas del tipo "paga lo que debes".

> *Cuando prestes cualquier cosa a tu prójimo, no entrarás en su casa para tomar su prenda; te quedarás afuera, y el hombre a quien hiciste el préstamo te traerá la prenda. Y si es un hombre pobre,*

> *no te acostarás* reteniendo aún *su prenda; sin falta le devolverás la prenda al ponerse el sol, para que se acueste con su ropa, y te bendiga; y te será justicia delante del Señor tu Dios. No oprimirás al jornalero pobre y necesitado, ya sea uno de tus conciudadanos o uno de los extranjeros que habita en tu tierra y en tus ciudades. En su día le darás su jornal antes de la puesta del sol, porque es pobre y ha puesto su corazón en él; para que él no clame contra ti al Señor, y llegue a ser pecado en ti. Los padres no morirán por* sus *hijos, ni los hijos morirán por* sus *padres; cada uno morirá por su propio pecado. No pervertirás la justicia debida al forastero* ni *al huérfano, ni tomarás en prenda la ropa de la viuda, sino que recordarás que fuiste esclavo en Egipto y que el Señor tu Dios te rescató de allí; por tanto, yo te mando que hagas esto.* (Dt 24.10–18, LBLA)

Esta justicia que a Dios tanto le interesa tiene un componente de misericordia y otro de solidaridad. Si los gobiernos y la administración de la justicia no cuentan con ojos para ver y entender qué significa estar en condición desventajosa social y económicamente, siempre se quedarán cortos los planes y proyectos hacia la justicia social.

Un breve repaso a la historia bíblica nos permite ver una serie de desgracias sociales. En primer lugar, figura uno de los males más sobresalientes en el reino de Israel (norte): un método preferido para cambiar de gobierno fue el golpe de Estado por la vía del asesinato. El 30 % de los reyes de Israel fueron asesinados (Joás, Amasías, Zacarías, Salún, Pekaía, Peka), lo cual quiere decir que sus sucesores, otro 30 %, fueron asesinos. En Judá también hubo golpes de Estado, pero fueron menos y, a pesar de todo, se mantuvo la dinastía de David.

Una segunda marca del comportamiento de los reyes es la ignorancia de la ley en temas tan importantes como la protección contra la esclavitud. El famoso milagro de la multiplicación del aceite en tiempos del profeta Eliseo ocurre para que una viuda no tenga que pagar una deuda entregando a sus dos hijos a la esclavitud (2R 4.1–7). Si bien el milagro es impresionante, no debemos perder de vista la situación que lo provoca y qué nos dice del gobierno en ese momento. La situación se da porque una transacción social y económicamente opresiva se ha vuelto normal en Israel: alguien pobre debe dinero y, como no tiene forma de pagar, está obligado a entregar lo que tenga de valor, que desgraciadamente para esta mujer son los hijos; es decir, la viuda no tiene protección alguna del gobierno. Por ello, se ha dicho que muchas de las acciones de Eliseo son más que milagros para mostrar el poder de Dios. Se trata de una crítica al gobierno, ya que muestra la desprotección en la que vive la gente y la indiferencia de las autoridades (Rentería, 1992).

También en los relatos de Eliseo se muestra otro caso grave en el que los gobernantes no hacen que se cumpla la ley, sino que están entretenidos en otras actividades. Gracias a lo que parece una historia de intermediación (de Giezi) y de buena voluntad (del rey), a la viuda de Sunem le son devueltas las tierras que se vio obligada a abandonar. El caso revela varios puntos (2R 8.1–6). En primer lugar, la razón por la que la viuda abandona sus tierras y va a refugiarse en tierra de los filisteos es el hambre que azota a Israel. Si bien esta historia muestra lo fluido de las fronteras y las relaciones entre israelitas y filisteos en ese tiempo, no deja de ser irónico que el refugio de una viuda israelita sea la tierra del archienemigo de Israel. En segundo lugar, parece que el rey estuviera muy impresionado por los milagros de Eliseo, pero aparentemente no parece darse cuenta de que el profeta está haciendo la tarea que le corresponde al rey: proteger a Israel, defender a las viudas, dar de comer a los hambrientos y otros. Vemos, pues, cómo las historias de la intervención profética y los milagros terminan siendo una crítica al gobierno sin que en ningún momento se haya dicho "este gobierno es malo" o "los políticos son corruptos". Quizá por eso en algunos regímenes totalitarios no se permite a los particulares llevar a cabo ningún tipo de obra social. Si se permitiera, de hecho, se afirmaría, sin decir una sola palabra, que el gobierno es incapaz de atender las necesidades de sus ciudadanos, lo cual les haría quedar mal. Si bien es una conducta perversa, por lo menos muestra que, aunque en la práctica sean incapaces de hacerlo, estos gobiernos dictatoriales sí tienen claro cuáles son sus responsabilidades.

Cuando pensamos en orar por temas tan complejos como el gobierno y la política, también necesitamos la orientación de las Escrituras. La necesidad se hace más imperiosa todavía cuando vemos que los gobiernos y la política están tan plagados de corrupción. En el mejor de los casos, los países implementan toda suerte de reformas y leyes para controlar la corrupción. Sin embargo, siempre parece cumplirse a cabalidad el dicho "hecha la ley, hecha la trampa". Se comprueba vez tras vez que las leyes no cambian a las personas, que no tienen la capacidad de transformar la sociedad, y hasta parece que, a más leyes y discursos anticorrupción, más ingenio para la corrupción.

La oración basada en las Escrituras se convierte en formación teológica para los asuntos políticos. Esto es importante porque con frecuencia nuestra forma de pensar y actuar como entes políticos está moldeada más por la cultura que por las Escrituras. Preguntémonos, por ejemplo, dónde se originan los criterios con los que elegimos a alguien o determinamos si ha sido un buen gobernante o no.

No podemos pasar por alto que la pregunta anterior requiere un alto grado de honestidad y objetividad de parte del ciudadano. Es necesario escuchar todos los puntos de vista sobre la gestión de alguien, incluyendo los políticos con los cuales simpatizamos. Es imposible que alguien en liderazgo político haga o haya hecho todo correctamente. Pero dice el dicho que "cuando el río suena, piedras trae". Desafortunadamente, tenemos la tendencia a ser llevados solamente por los sentimientos y la opinión de aquellos con quienes estamos de acuerdo. Siendo que en la política de nuestros países tradicionalmente ha imperado la corrupción y la búsqueda de los intereses particulares, la primera obligación de cualquier ciudadano es sospechar de todos los políticos y todos los gobernantes. No hay otra alternativa. La idea no es declararlos culpables de todo lo que se les acusa, sino aceptar la posibilidad de que estén mintiendo y, a partir de la sospecha, empezar a ver qué méritos tiene lo que se diga a favor y en contra. Es lo más responsable que podemos hacer.

El Salmo 72, que cierra el segundo libro del salterio, puede orientar nuestra oración en el sentido de que nos presenta un estándar que está por encima de los intereses mezquinos de algunos políticos y gobernantes. Se presenta aquí al rey ideal en forma de una petición para que Dios otorgue su justicia al rey; es decir, que defienda a los pobres, a los oprimidos, y que acabe con el opresor. Aquí está la esencia de la teología de la liberación bíblica vista desde las funciones del gobernante. De esta misma manera se ora en el Salmo 35.9–10: *Así mi alma se alegrará en el Señor y se deleitará en su salvación; así todo mi ser exclamará: "Quién como tú, Señor. Tú libras de los poderosos a los pobres; a los pobres y necesitados libras de aquellos que los explotan"*. Por difícil que resulte, esta teología, estas palabras y este sentimiento, se debe leerlos por lo que son, sin etiquetarlos con las ideologías de nuestra época y sin dejar que estas ideologías secuestren un elemento fundamental de la fe bíblica. El ejercicio hay que hacerlo porque el Antiguo Testamento abunda en expresiones de este calibre. En estas oraciones bíblicas la salvación de Dios se concibe en términos de la defensa del indefenso, y un responsable importante de esta tarea es el gobernante.

Otro salmo describe bellamente a este rey ideal como un hombre hermoso que "marcha, cabalga, por causa de la verdad, de la piedad, de la justicia" porque ama "la justicia y odia la impiedad" (Sal 45.1–8). No es claro en el salmo si será una "belleza con propósito", pero el hecho es que, en la época actual de la estética y el *rating*, este salmo pone juntos el poder, la estética y la ética. Por ello, Dios lo ha ungido.

La oración por el gobernante incluye también un asunto que, de no ocurrir, produce mucha indignación y hasta duda en el creyente: *Que en sus días florezca el honrado y haya prosperidad hasta que falte la luna* (v. 6). Esta petición parece suponer que lo que ocurre con frecuencia es lo contrario: que florece el deshonesto y que la prosperidad sólo la conocen unos cuantos. Nos puede resultar difícil aceptar que la oración privada o comunitaria sea momento para pensar en estadísticas y en índices económicos, pero la presencia de estos temas en la oración demuestra que la piedad bíblica abarca más de lo que estamos acostumbrados a ver.

Se pide, además, en el salmo todas las bendiciones de bienestar y permanencia para el rey porque practica la justicia social: *porque él libra al pobre que pide auxilio, al oprimido que no tiene protector* (v. 12). Por causa de la maldad humana, manifestadas especialmente en la ambición y el egoísmo, la tarea del gobernante como libertador de los pobres y los oprimidos se hace permanente. En los asuntos económicos, es tarea de los gobiernos defender principalmente a quienes no tienen los medios para defenderse por sí mismos, igual que lo hacemos cuando un niño más grande maltrata a otro más pequeño, o cuando un hombre agrede a una mujer.

Veamos un caso del siglo XIX y principios del XX que nos podría ayudar a nutrir nuestra oración. El político estadounidense George Washington Plunkitt se atrevió a decir lo que muchos políticos piensan y hacen, pero nunca dicen públicamente con respecto a su forma de hacer política (Plunkitt *et al.*, 2015). Como se ve, lo que es honesto y deshonesto tiene para muchos políticos otro significado. Quizá por eso algunos políticos y gobernantes corruptos todavía pueden hablar con tan aparente autoridad moral. A continuación, algunos puntos esenciales en las confesiones de Plunkitt:

1. El uso de información privilegiada para enriquecerse se considera una forma honesta de hacer dinero. La información se utiliza para beneficio propio y para beneficiar a familiares y allegados.

Un político que procede así no tiene necesidad de hacer nada deshonesto. Un político honesto puede ordenar que se cambie el techo de un edificio público y darle el contrato a una empresa de la cual él es propietario.

2. El éxito del político está en el dinero que obtiene. No se necesita grado universitario; tampoco hay que ser gran orador. Lo que el político necesita es saber conseguir votos para ser elegido; eso es lo único que cuenta. Con eso, los partidos y movimientos se interesarán en ti. Si sabes de Shakespeare, Aristóteles, matemáticas y astronomía, los políticos tratarán de consolarte por tu desgracia, pero no tendrás parte con ellos.
3. A quienes prestan algún servicio civil hay que darles buenos puestos cuando terminan el servicio, porque, si no, pierden el patriotismo y se vuelven anarquistas, comunistas o delincuentes. Los partidos se acaban si los que votan no obtienen los puestos prometidos. El cumplimiento de las promesas es lo que hace que alguien sea patriota.
4. Los políticos que tratan de reformar la política son malos políticos. Todos fracasan porque vienen del mundo de los negocios, igual que fracasa el político que intenta ser profesor universitario. Las habilidades en la política se aprenden desde niño.
5. La forma de ganar seguidores es fácil y no se aprende en la universidad: deles a las personas una oportunidad para lucirse en algo que les gusta y serán sus seguidores toda la vida. No es necesario molestarse con argumentos políticos. Para los grupos más sofisticados, se requieren infiltrados que los recluten en sus propios ranchos. A los más pobres se los recluta con asistencia inmediata cuando sufren una tragedia, sin preguntar por partidos ni hablar de política. Los pobres son la gente más agradecida y en sus barrios tienen más amigos que los ricos. El resultado final es que los pobres ven al político benefactor como un padre y no lo olvidarán el día de las elecciones. Además, se deben mantener trabajos disponibles para dárselos a la gente trabajadora y talentosa. A los niños hay que consentirlos, porque también le hacen campaña al político en su familia; para eso, siempre hay que cargar dulces en los bolsillos.

El conocimiento de estas realidades debe formar parte del culto cristiano como cosa normal, especialmente en periodos electorales.

En las tradiciones judías y cristianas los asuntos relacionados con el gobierno y la política históricamente han hecho parte del culto y la piedad, especialmente si consideramos que la Biblia se leía y se lee toda en el transcurso de 1 a 3 años, y los salmos se leen todos en el transcurso de un año. De modo que, si queremos tener un culto más bíblico, más histórico y más contextualizado, es necesario tener en cuenta la totalidad de la Escritura en todos los temas y en todas las expresiones de la piedad individual y comunitaria.

Conclusión

1. Es un hecho indiscutible que la forma de gobierno en el mundo bíblico, tanto en el Antiguo como en el Nuevo Testamento, es distinta a la de la mayoría de nuestros países hoy en día. Sin embargo, existen algunas coincidencias. En primer lugar, las funciones generales de los gobiernos siguen siendo las mismas: mantener el orden, defender a los ciudadanos, impartir justicia, buscar el bien común. Igualmente, el pueblo es capaz de distinguir un buen gobernante de uno malo. La literatura específica del Medio Oriente antiguo, incluyendo la Biblia, da testimonio de estas realidades. Entre las novedades actuales están los derechos humanos, que de poco sirven en contextos de pronunciada desigualdad. En algunos países no hay libertad para viajar al exterior. En otros hay libertad, pero, si mucha gente a duras penas tiene para comer, de nada les sirve ser libres.
2. Las formas corruptas de hacer política existen en todo el mundo en mayor o menor grado; la pregunta para los cristianos es cómo nos relacionamos con ellas como individuos, como ministros y como pueblo de Dios. Las autoridades han sido puestas por Dios para detener el mal, mantener el orden y procurar un mayor grado de justicia. No se trata de que "cristiano vota cristiano" como dicen algunos ingenuamente, ni los cristianos se tomen el poder para imponer la lectura de la Biblia en los colegios, sino de identificar a aquellos individuos que tengan trayectoria demostrada de que sí han trabajado en búsqueda de la justicia y del bienestar general. A la hora de las elecciones, toca a veces simplemente votar por el menos malo y, en última instancia, expresar el rechazo con el voto en blanco, si existiera la opción. El hecho es ser parte activa en

el reconocimiento y el rechazo de las administraciones públicas como ciudadanos del reino de Dios. La denuncia del profeta Oseas de la corrupción política y gubernamental es una invitación para los creyentes a participar activamente en política y demostrar con ello que el reino de Dios ha llegado y está entre nosotros; no se concibe a un cristiano que venda su conciencia ni la de la iglesia por un lote, un miserable ladrillo o cualquier oferta de algún político experto en clientelismo evangélico.

3. Es necesario preguntarnos si todavía seguimos creyendo algunas cosas que no tienen sentido: que es posible la paz sin justicia social, que la paz es solamente responsabilidad del Estado, que la paz es algo que llega en vez de algo que se construye, que podemos vivir en paz, aunque otros se estén matando.
4. Terminamos este capítulo con algunos ejemplos para pensar en la relación entre política, historia y la situación actual que demuestra inequívocamente cómo la corrupción de los gobiernos y los políticos trae pobreza, atraso y muerte. Los siguientes ejemplos corresponden a la historia de Colombia en los últimos cien años:
   a. Normalmente se entiende que la construcción de pocos kilómetros de ferrocarril en el siglo veinte se debió a la falta de recursos y a las dificultades que nos impone la topografía, pero, dice Arias Trujillo, que por décadas no existió una política nacional de comunicaciones que respondiera a las necesidades del país. Ganó el desorden causado por la improvisación y el hambre de poder y riqueza de políticos y gobernantes. El resultado es vergonzoso: al comparar el caso colombiano con el resto del continente encontramos que para el año 1930 Colombia contaba con 2600 km de ferrocarril, mientras que Argentina tenía 40000. Además, las líneas construidas estaban atomizadas, sin interconexión regional y con diferentes anchos de vía (Arias, 2011: 22). Es decir, no solo se hizo poco, sino que se hizo mal. A la postre, todo esto se perdió y nos quedamos sin ferrocarril, que, por cierto, es mucho más económico que el transporte por carretera. Éste es un ejemplo claro de cómo los gobiernos malos y corruptos a todos nos generan pobreza y atraso por generaciones.
   b. La inequidad histórica en torno a la tierra ha sido un factor determinante en Colombia. A principios del siglo XX, el

café generó un cierto grado de prosperidad y desarrollo. Sin embargo, ocurrió el mismo fenómeno que se dio en tiempos de Oseas: solamente unos pocos pudieron gozar de la abundancia. En las luchas por la tierra las autoridades defendieron a los latifundistas, en detrimento de los campesinos y los colonos, quienes se convirtieron en jornaleros y empleados a sueldo y sin tierra: "El resultado de la lucha desigual por el control de la tierra no hizo sino reforzar la concentración de la tierra, una tendencia que venía de tiempo atrás" (Arias, 2011: 30). El presidente López Pumarejo es un ejemplo de un gobernante a quien le preocupó esta situación (Arias, 2011: 71).

c. El asesinato de Jorge Eliecer Gaitán generó una cantidad de nuevas violencias a partir de finales de la década del cuarenta, las cuales dieron origen a las guerrillas que existen hasta la fecha: "Nuevas bandas de terror, al servicio de los conservadores, como los "pájaros" [y los "chulavitas"], perseguían y asesinaban al campesinado liberal. Para hacer frente a la violencia oficial, el Partido Liberal se apoyó en guerrillas de autodefensa campesina, que desde hacía un tiempo intentaban defenderse del Ejército y la Policía. En los Llanos Orientales, en la región del Sumapaz, en el Tolima y en otros departamentos, las guerrillas liberales también sembraban el terror entre la población rural conservadora". (Arias, 2011: 105)
d. El poder religioso de la Iglesia Católica anduvo de la mano del poder por siglos. Uno de los eventos más famosos de la historia de la iglesia latinoamericana es el CELAM II, que se llevó a cabo en la ciudad de Medellín en 1968: "El episcopado de toda la región, con la excepción de los jerarcas colombianos, expresó su profunda preocupación por las condiciones de pobreza y de dependencia del continente" (Arias, 2011: 105). Uno se pregunta por qué.

Existe claridad en cuanto a dónde quisiéramos llegar y qué cosas podemos hacer: la existencia e implementación de políticas de equidad sostenible, especialmente para que prosperen quienes producen alimentos en menor escala y no siempre y sólo las multinacionales. El ciudadano podría comprar menos en supermercados y centros comerciales y apoyar a los pequeños agricultores y comerciantes de manera que lo que produce se pague mejor; no es justo que el campesino nazca y muera pobre y que su trabajo sólo sirva para enriquecer a los grandes comerciantes. Podemos apoyar a las organizaciones ciudadanas que vigilan la ejecución de proyectos de infraestructura. Igualmente, podemos respaldar a los candidatos que tienen una perspectiva diferente de la tenencia de la tierra, que defienden al campesino de los latifundistas y las multinacionales extranjeras.

Jesús predicó que ha llegado el reino de Dios. Se supone que Dios reina en la tierra y que ese reino protege a sus súbditos fieles; pero, contrariamente, vemos que son perseguidos, maltratados y hasta asesinados por predicar que Dios reina. Esto parece una evidencia de que Dios en realidad no reina o, en todo caso, de que sí reina pero que esto no significa que los va a salvar de la muerte en la tierra por el poder de turno, sino sólo de la muerte eterna, la cual no se puede comprobar en la tierra donde les quitan la vida. Es decir, el creyente del Nuevo Testamento no ve problema en predicar que Dios reina y, al mismo tiempo, ser sometido por un poder terrenal contrario a Dios.

Capítulo 4

La cultura de la corrupción

Introducción

La pequeña corrupción

En una ocasión, cuando en Colombia un litro de miel de abejas costaba setecientos pesos, encontré un sitio donde la vendían en quinientos. ¡La alegría que me dio! Un estudiante universitario viviendo fuera de su casa se alegra mucho con cualquier ganga. La compré y contento me fui a disfrutarla. Poco me tardé en descubrir que la botella tenía de todo menos miel de abejas. Me armé de valor y de un discurso ético para recitárselo al vendedor tramposo, a quien acudí al día siguiente. Apenas le dije que cómo se le ocurría vender eso con una etiqueta que decía "miel pura de abejas" sin serlo, el tipo me respondió sin titubear y con absoluto desparpajo: "¿Y qué querías, miel pura por quinientos pesos?". Su respuesta me aturdió de tal manera que no fui capaz de decirle nada. La lógica parecía ser esta: el que compra un producto muy por debajo del precio del mercado, debe saber que lo que compra no es auténtico; eso se sabe, todo el mundo lo sabe. El bobo era yo por no saber; de modo que la culpa era mía y el regaño estaba plenamente justificado, según el vendedor, poco dulce, por cierto.

La corrupción "de poca monta", como se llama a estos casos del tipo de la miel, mueve mucho dinero, pero no tanto como la llamada "corrupción de alto vuelo", "gran corrupción" o corrupción a gran escala, la de las grandes licitaciones de infraestructura, la de los programas nacionales del gobierno, es decir, la corrupción tipo Odebrecht. El acento y los nombres de las transacciones cambian, pero entre nosotros ser ladrón es lo mismo que ser vivo, y ser vivo es no ser bobo, y no ser bobo es ser inteligente. Así, el ladrón termina siendo una persona de virtud, admirable y digna de respeto.

Transparencia internacional define la corrupción como "el mal uso del poder confiado para obtener ganancias privadas". Un autor africano señala cuatro esferas o "caras" de la corrupción: política (cleptocracia, o gobierno de los ladrones), corporativa, servidores públicos y la corrupción menor (Edet, 2009: 629).

Al hablar de la cultura de la corrupción desde América Latina, es necesario insistir en algo importante: no debemos permitir que al perro más flaco se le peguen las pulgas. Nuestros países no son los únicos corruptos. Además de los escándalos de corrupción en empresas e instituciones emblemáticas de Europa (como Volkswagen, la FIFA y otras), también es cierto, según los estudios, que las compañías de Europa, Estados Unidos y demás países industrializados participan de la corrupción alrededor del mundo a través de los intermediarios que utilizan para hacer negocios. Como las leyes de sus países no permiten y persiguen la práctica del soborno, entonces utilizan comisionistas en cuyos honorarios va incluido lo que el comisionista paga en sobornos. De esta manera pueden presentar contabilidades inmaculadas ante las autoridades de sus países y aparecer como gente honrada, y los demás como los corruptos. La forma de la corrupción de las multinacionales es bastante sofisticada, técnica y compleja, a tal punto que dificulta mucho cualquier investigación (Edet, 2009: 631). No debemos olvidar tampoco que históricamente los corruptos han guardado sus dineros en Suiza, considerada una de las naciones más pacíficas del planeta. Pero, no estamos buscando consuelo; no vamos a decir ahora que, si los europeos son corruptos, nosotros también tenemos derecho a serlo.

La corrupción institucional

En la perspectiva de algunos empresarios perversos, la corrupción es el "aceite" que ayuda a que la economía sea más eficiente en sociedades altamente burocráticas. Sin embargo, en la perspectiva de algunos analistas, la cadena de corrupción tiene serios efectos adversos: la corrupción ahuyenta a los inversionistas, la falta de inversión incrementa el desempleo y disminuye el recaudo, el desempleo aumenta la pobreza, y la disminución del recaudo limita al Estado para ayudar a los pobres. Encima, para acabar de ajustar, si en el gobierno hay corrupción, al final de cuentas queda muy poco del exiguo recaudo por impuestos. Claramente se puede ver que la corrupción es multidimensional y perjudica a la mayor parte de la población, especialmente a los que están fuera de los círculos de poder.

Algunos autores afirman que al hablar de cultura de la corrupción estamos exonerando a las instituciones. La objeción me parece justa, ya que, como dice un autor, la definición de un problema determina su solución; es decir, si la corrupción se clasifica como un problema cultural, entonces los responsables son los ciudadanos, no las instituciones, especialmente las del gobierno. En cambio, si aceptamos que la corrupción es de las instituciones, entonces al gobierno le tocaría reconocer su incapacidad "para controlar a sus agentes" y que existe "una fractura del Estado de derecho" (Fernández, 2016). Por lo anterior, hemos dedicado a las instituciones los cuatro primeros capítulos de este libro, y a la cultura, el último. La cultura de la corrupción no es "un fenómeno social propio de las instituciones, sino [...] una red cultural que permea a todas las dimensiones de la vida social" (Serna, 1995). El hecho fundamental es que la corrupción en las instituciones forma parte de la cultura de la corrupción, ya que los corruptos son los individuos dentro de las instituciones que funcionan en una cultura proclive a la corrupción y tolerante de ésta. Por ejemplo, en muchos países la corrupción de los políticos va de la mano de la empresa privada, porque son los políticos los que toman decisiones que pueden favorecer a los grandes conglomerados económicos en licitaciones y contratos. En los países ricos a esto lo llaman elegantemente *lobbying*; acá es coima, soborno, mordida o chanchullo, pero es lo mismo. Las financiaciones de las campañas políticas no son gratis en ninguna parte.

En este capítulo haremos algunas referencias a la historia de América Latina, porque la cultura de la corrupción es parte integral de la nuestra y no se puede entender aparte de ella. Nuevamente, es necesario hacer un par de salvedades importantes. En primer lugar, en cuanto a la corrupción, nuestra historia no es única ni peor que otras; se trata simplemente de decir cómo fue que la corrupción se volvió parte de la cultura. La corrupción en América Latina está instalada desde las mismas "entrañas de la burocracia colonial" (Quiroz, 2015: 83). Otros países y regiones del mundo tendrán otra manera de contar cómo se instaló la corrupción en su cultura hasta hacerse normal, común, invisible. Seguramente habrá muchas coincidencias.

En segundo lugar, el propósito de incluir la historia no es excusarnos culpando a "la historia": los españoles, la conquista, los virreyes, la colonia, los criollos, la encomienda, la audiencia y demás; todo eso del pasado menos nosotros hoy. La historia nos sirve para ver la trayectoria de la corrupción y entender un poco nuestra propia cultura, descubrirnos un poco, no por la creencia de que la identificación de un mal equivale a su cura, pero sí para hacernos estas grandes preguntas: ¿cómo se cambia una cultura?, ¿cómo se puede cambiar una cultura si nadie es consciente de su propia cultura? La cultura no se ve, lo mismo que no somos conscientes de nuestro acento al hablar hasta que oímos a otros que hablan nuestro idioma de manera diferente. La aspiración es, entonces, que la historia y la cultura nos ayuden a ver lo que no vemos, de modo que tengamos conciencia, por lo menos, de qué es corrupción y de qué manera participamos de ella.

La pregunta sobre el cambio cultural probablemente nos llene de pesimismo (y con sobrada razón), dado el fracaso sistemático de las campañas y programas gubernamentales encaminados a la lucha contra la corrupción. Cambiar una cultura no es tarea fácil ni rápida. Esto es importante entenderlo a la hora de escuchar a los candidatos cristianos que fundan sus programas políticos en un cambio de la cultura. Aparte de que la historia de la participación de los cristianos en política en América Latina no es nada halagüeña, como ya lo hemos señalado, no son cambios fáciles ni mucho menos posibles en periodos cortos de tiempo. Un caso conocido en la Biblia es el de las reformas del rey Josías, quien se inspiró en el temor de Dios y en la Sagrada Escritura para trasformar la cultura; además, tenía el respaldo de profetas, era el jefe del gobierno y todos lo obedecían, pero, apenas se murió, todo volvió a lo mismo de antes y quizá fue peor (2R 22–23).

Otro gran problema de la lucha contra la corrupción son las falsas acusaciones contra la gente que la combate. Esto enmascara otro problema, porque todo aquel que es acusado de corrupción se defiende diciendo que sufre una "persecución política". Así, el ciudadano de a pie queda sin saber quién es el verdadero corrupto o, en el peor de los casos, termina defendiendo a los corruptos. La situación más lamentable de todas es cuando la corrupción gana y el que la combate es sancionado por los corruptos, lo cual ha ocurrido incontables veces en la historia de nuestro continente. Quiroz cuenta el ejemplo de Antonio de Ulloa en el siglo xviii en el virreinato del Perú: "El honrado e ilustrado administrador tuvo que dejar el Perú en 1764, incapaz de cambiar las redes e intereses que siguieron socavando la economía colonial peruana". La constante para el fracaso de las reformas parece ser la misma: "la acomodación de los intereses que presionaron para que las reformas finalmente se descarrilaran" (Quiroz, 2015: 84, 118).

De Ulloa se dice que no supo negociar y que se peleó hasta con los curas, razón por la cual en las minas de Huancavelica le saboteaban todo lo que intentaba hacer para acabar con la corrupción. Pero en casos así hay que preguntar también si los corruptos son gente con la que se puede negociar de una manera que no sea corrupta para que decidan dejar de ser corruptos. No es seguro que existan mejores formas que otras para negociar con los corruptos, unas que sean totalmente exitosas y otras que siempre fracasen ¿Cuándo se ha visto tal cosa? Aunque la labor de Ulloa era defender los intereses de la Corona española, hecho que no vamos a celebrar ahora, de todos modos, el caso muestra que en nuestro continente no hemos conocido gobierno, justicia, negocios ni cultura sin corrupción. Es seguro que ha habido uno que otro gobernante y funcionario honestos, a quienes, precisamente por serlo, los han matado política o literalmente. Pero nos estamos refiriendo a las estructuras, a la forma como funcionan las estructuras en nuestros países y la manera en que los países ricos históricamente han sido partícipes de la corrupción para su beneficio, también desde el mismo inicio de las relaciones económicas con los poderes mundiales. No son mejores que nosotros, sino sólo más sofisticados.

Qué es la cultura de la corrupción

La cultura de la corrupción se refiere a las prácticas corruptas de una sociedad pero que no se las ve como corruptas porque están generalizadas y, por lo tanto, se consideran normales:

> ... la cultura de la corrupción se caracteriza por: a) la proliferación de la corrupción en la vida civil; b) la glorificación cultural de la corrupción en ciertos sectores de la población; c) el surgimiento de una moral distorsionada en la clase media; d) la desviación de la responsabilidad individual; y e) la difusión de la desconfianza y el cinismo hacia el gobierno y hacia los funcionarios públicos [...] la corrupción sobrepasa las áreas no gubernamentales, como: los negocios, la educación particular y hasta en el ámbito de la iglesia. A lo que sumaría, los grupos de amistades, e incluso, la corrupción se extiende a nivel familiar. (Rodríguez, 2015: 37)

Todo esto hace que las transacciones más comunes y corrientes sean más complicadas demoradas y costosas, lo cual genera atraso: "La corrupción priva a los ciudadanos de un bien común básico, la legalidad", la cual es clave para el desarrollo, ya que permite la construcción de la confianza, base fundamental de las relaciones entre los ciudadanos en cuestiones sociales, económicas y políticas (Edet, 2009: 633).

Las instituciones no son las culpables de todo.

> Lo que se observa en la sociedad es igualmente preocupante. ¿Hasta qué punto los colombianos conocen, valoran y defienden los logros de su democracia? Algunos hechos ocurridos en los últimos años pueden dar pistas para una respuesta. La indiferencia generalizada frente a los horrores del paramilitarismo dejó en claro que no sólo los crímenes de la guerrilla merecen ser sancionados. La misma indiferencia predominó con relación a los escándalos de la parapolítica, los "falsos positivos", la interferencia del Poder Ejecutivo en otras ramas del poder. Si semejantes problemas no inquietan al grueso de la población, si la sociedad no ve en ello pruebas alarmantes de un profundo deterioro de la cultura política, es difícil pensar que la democracia va por buen camino. No es el único reto de envergadura que debe asumir el país. (Arias, 2011: 196)

Por otro lado, tenemos en Jesús el ejemplo de no optar por una interpretación trágica y derrotista de todo. Jesús reconoció al militar honesto que además tenía fe, a la viuda pobre que fue generosa, al empleado público que dejó de robar y se convirtió en benefactor de la sociedad, y otros.

En su mensaje contra las diversas expresiones de la corrupción, el libro de Oseas alterna permanentemente entre sentencias de destrucción definitiva, llamados al arrepentimiento y promesa de restauración. Por eso, en la lectura de Oseas (y de otros profetas) debemos cuidarnos de imponerle una secuencia lógica a los oráculos. De todos modos, sabemos dos cosas que ocurrieron después de la predicación de este profeta: que no hubo arrepentimiento y vino la aplicación de los castigos estipulados en el pacto. Reconocemos que cuando se predica el arrepentimiento está abierta la puerta al perdón y a la restauración. Lo que sigue de este capítulo estará orientado por una mirada a tres condiciones o estados planteados en Oseas para la transformación de la cultura: la condición de Israel, la condición del perdón, la condición de Dios.

El profeta Oseas predica contra la cultura de la corrupción

La condición de Israel

Decíamos unas páginas atrás que no vemos nuestra cultura porque no somos conscientes de ella. Dios ha dicho a los israelitas que perecerán por no tener conocimiento de Dios y ellos responden de una manera que todos aplaudiríamos: *Conozcamos al Señor, él se manifestará, es seguro como la lluvia de invierno y la de primavera* (6.3), y añaden: *Te conocemos, Dios de Israel* (8.2). A esta forma de responder al llamado al arrepentimiento se la ha llamado "la parodia de la liturgia" (Landy, 2011: 115), es decir, el culto lleno de palabras huecas. Pero, como es parte de la cultura religiosa, ni cuenta se dan de lo que dicen.

Probablemente el caso del Israel antiguo es comparable a la situación actual con la constante repetición en el culto de las palabras "te amo", "te seguiré", dirigidas a Dios en los cantos y las oraciones. Tanto se dice que su significado es cada vez más diluido e incierto. Lo mismo ocurre en la sociedad en general, ya que, cuando las parejas más se dicen "te amo", es cuando más divorcios hay. Tanto han perdido el sentido estas palabras que en Colombia cualquier desconocido le dice a uno "mi amor".

A esta gente que habla sin ponerle sentido a lo que dice, Dios le responde que no tienen conocimiento de Él. Pero ellos insisten en convidarse fielmente al culto y afirmar "sí te conocemos" y, cuando son confrontados con el pecado, responden como el poeta narcotraficante en la novela *El miedo a los animales*. Cuando alguien lo confronta por la falta de coherencia en su vida, responde que "la poesía es una cosa y la vida es otra".

La respuesta de Dios se mantiene: "… no me conocen," y "… han rechazado el bien" (8.3); si han rechazado el bien significa que no me conocen. En otras palabras, el conocimiento de Dios no se refiere a lo que el creyente dice, sino a lo que hace.

La falta de conocimiento de Dios también se demuestra en la actitud que el pueblo de Dios tiene hacia el profeta, se le tiene por necio y por loco. Dicen que conocen a Dios, pero llaman loco a quien les predica la palabra de Dios (Os 9.7). No siempre el rechazo a la palabra de Dios es tan directo y evidente. A veces nosotros escuchamos la palabra de Dios y la rechazamos de formas sofisticadas: al predicador le falta un poco más de cultura, no estaba muy bien vestido, cometió algunos errores de dicción, citó mal a tal autor, pronunció mal el griego.

Es cierto que a Dios le interesa que su pueblo sea numeroso y fuerte, fue lo que le prometió a Abram. Se puede afirmar entonces que el crecimiento de la iglesia es muy bueno, que el culto alegre y concurrido es animador, y que la iglesia tiene un gran potencial espiritual y social. Sin embargo, cuando los números y la fiesta no tienen un efecto en la participación de los cristianos en la sociedad y la transformación de esta, entonces es necesario abandonar el triunfalismo y reflexionar en el tema, mirar hacia dentro. Más de un profeta tuvo que confrontar al pueblo de Dios en esta dirección. Para ello, el profeta Oseas utilizó una imagen con una gran capacidad comunicativa y que a todos nos es conocida: la planta hermosa, llena de hojas, pero con frutos que no valen la pena o simplemente sin fruto alguno. Así, a los israelitas se los compara con una vid frondosa, pero los frutos que producen son pleitos porque hablan por hablar y juran en falso cuando hacen tratos (10.4). Isaías hace algo parecido: compara la relación de Dios con Israel con la de un agricultor que selecciona una buena cepa de uvas, planta su viña, la protege, la cuida y al final lo único que obtiene son uvas agrias. El tratamiento del Señor aquí para su pueblo es comparable al de Oseas (Is 5.1–7).

Otra descripción de la cultura de la corrupción en tiempos de Oseas es que viven de la mentira y el fraude (11.12), y al tiempo declaran la honestidad de todas sus ganancias (12.8). Se les recuerda que a última hora son Jacob. Israel es Jacob, símbolo de la cultura de la trampa (12.2–4).

Al ver este cuadro, uno se pregunta por qué participa la gente en actos de corrupción. Explicaciones no faltan. Una de ellas, basada en la teoría del aprendizaje social (*social learning theory*, de Akers) intenta entender la motivación del individuo. Sostiene que el comportamiento se adquiere y se mantiene por definición (que tal o cual conducta es buena), imitación (de modelos probados y aprobados, justificados y aceptados) y refuerzo permanente. En otras palabras, la sociedad no le ofrece al individuo restricciones para ser corrupto ni alternativas

(Tavits, 2010). Esto suena parecido a lo que dice la Biblia de llamar a lo malo bueno y a lo bueno malo (Is 5.20–25).

Según Tavits, la gente participa de la corrupción porque es lo normal y no la percibe como algo incorrecto. Esto explica por qué no hay reforma que funcione. Lo que otros llaman corrupción se entiende como algo neutral o bueno.

Una consideración importante para participar de actos de corrupción es la relación costo-beneficio. Es decir, la corrupción disminuiría si el costo fuera más alto que el beneficio. Por ejemplo, ser descubierto y sancionado. Pero, desgraciadamente los corruptos calculan el costo-beneficio, lo cual quiere decir que las sanciones tendrían que ser absolutamente severas, inapelables y sin derecho a rebaja de penas para que la corrupción bajara de manera significativa. Un ejemplo de un país que lo ha logrado es Singapur, pero, por ser una ciudad-Estado, es decir, un país pequeño, resulta difícil aplicar su modelo a países grandes. Además, por benévola que sea la dictadura capaz de frenar la corrupción, priman los derechos.

Las conclusiones de Tavits de alguna manera ponen en duda la escala de Transparencia Internacional, puesto que se basa en la percepción de la gente. El problema es precisamente qué se percibe como corrupción. Cuando la corrupción se percibe como conducta aceptable y común, ¿qué pueden comunicar las estadísticas basadas en la percepción? Cuando mucho, podrían sugerir que el asunto es muchísimo peor de lo que dice el *ranking* de cada país.

Cuando la corrupción es parte de la cultura, se convierte en un problema de acción colectiva; igual funciona donde no hay corrupción (Tavits, 2010: 1259). Son los mismos ciudadanos quienes de manera colectiva aceptan o rechazan los actos corruptos y a quienes los cometen. Aunque hablemos de cultura de la corrupción, no se trata de algo abstracto, pues "es la gente la que es corrupta, no el país" (Tavits, 2010: 1274). Se la llama "cultura" por lo generalizado de la práctica.

La conclusión que se desprende de aquí, de la literatura sobre la cultura de la corrupción y de la historia, es que esta condición no se cambia con reformas ni decretos ni persecución. Así como no se hacen los amigos por decreto, tampoco se deshace la corrupción con leyes.

¿Por qué hay tanta corrupción en nuestros países? Existen algunas explicaciones absolutistas. Algunos dicen que porque fuimos colonias (Asia, África y América Latina) y que la corrupción continúa operando en las relaciones con los antiguos colonizadores en las multinacionales. Sin embargo, uno de los países más corruptos del mundo es Rusia, el cual aparentemente nunca ha sido colonizado, como lo fueron Asia, África y América Latina.

Otros dicen que los países herederos del protestantismo no son corruptos como los herederos del catolicismo. Se habla de la "ética calvinista" que ha contribuido al desarrollo. Si esto es cierto o no, es motivo de debate. De todos modos, hay países como Japón y Singapur, que son menos corruptos y han tenido un gran desarrollo, pero poco sabían del reformador.

Por último, se podría pensar también en la dignidad colectiva de los pueblos, si tal cosa existe. Un estudio sostiene que "la corrupción aflora donde la confianza se vincula más hacia redes particulares que hacia todo el conjunto de la sociedad" (Pena y Sánchez, 2009: 200).

La condición del perdón (14.2–3)

Pedir perdón solamente tiene sentido y lugar cuando existe la intención de dejar de cometer la falta por la que se pide perdón y demostrarlo con los hechos. Así, el cambio de cultura para Israel se lograría por medio de una lista corta de palabras y acciones interrelacionadas, que de paso representan una agenda importante para la iglesia y la cultura en general:

1. Pidan perdón/vuelvan a Dios
2. Presenten una ofrenda de labios sinceros
3. Digan cuatro cosas:
    - Confieso que Asiria no nos salvará.
    - Renuncio a la confianza en el ejército.
    - Practicaré la justicia social (14.1–3).
    - Renuncio a la idolatría.
4. Demuéstrenlo así:
    - No traten como Dios a lo que no es Dios.
    - Siembren justicia y cosechen el fruto del amor (10.12).

Dicho en otras palabras, "[l]a victoria sobre la corrupción exige dos cambios: la conversión del corazón que lleva a cada hombre a hacer suyos los valores de Cristo y el cambio de estructuras" (Cisneros, 2002: 11). El perdón de Dios se expresa al final de Oseas en términos de la naturaleza: flor, raíz, retoños, follaje, aroma, sombra, revivir, florecer, fama como el vino del Líbano. La madera del ídolo y el árbol que da fruto. Los caminos del Señor son llanos: los justos caminan y los pecadores tropiezan (14.4–9).

La condición de Dios

En el capítulo 11 de Oseas figura una metáfora nueva para representar la relación de Dios con Israel. Se trata de otro de los amores más grandes que puede experimentar el ser humano: el de los padres por los hijos. Aquí, para Dios, Israel es "mi niño". No podemos pasar por alto cómo dignifica este profeta la familia, usando las relaciones familiares como paradigmas para la relación de Dios con su pueblo. Pero, como ocurre muchas veces en las relaciones familiares, éste es un capítulo lleno de angustia por los sentimientos encontrados.

Ley, historia y oración

Así como el Señor eligió a Israel como su pueblo, se exhorta aquí a Israel a que elija también al Señor. Israel es pueblo escogido, pero tiene que decidir ser pueblo de Dios. Por ello, la oración de Deuteronomio 6 es tan importante y se adoptó en la tradición judía como la oración diaria.

Amar a Dios en cada época es ir contra la propia cultura, la que nos define. Ir contra estas cosas por amor a Dios es sin duda ofrecerle la vida como sacrificio. A Israel se le manda que ame a Dios; no a que diga que ama a Dios. Esto es importante notarlo hoy en día cuando el amor a Dios se canta más de lo que se ve en la ética. La tendencia humana es convertir los ritos en el centro de todo y olvidar por qué existen. El ser humano necesita de los ritos. Por ello, tanto el Antiguo como el Nuevo Testamento mantienen los cuatro elementos fundamentales para nutrir la fe: palabra y predicación, culto y liturgia, ética y obediencia. A estos se suma el Espíritu de Dios para darles sentido a todas estas cosas.

En la cosmovisión antigua el templo es fundamental, pues es un lugar construido para que Dios viva allí para siempre (1R 8.12). Sin embargo, el mismo texto bíblico señala que si a Dios no lo contiene el cielo, mucho menos va a contenerlo la tierra, y menos todavía en un espacio tan reducido como un templo (1R 8.27). ¿Podría leerse esto como la lucha entre lo que quisiéramos hacer con Dios y la naturaleza de Dios? Tal vez son ciertas ambas cosas: Dios habita en el templo, pero el templo no contiene a Dios. En otras palabras, Dios puede hacer presencia de manera especial en un lugar sin que sea el único, en el sentido tanto espacial como temporal. Dios no está limitado a ese lugar ni en el tiempo ni en espacio ni en poder. Esto lo demuestra el Antiguo Testamento de muchas maneras. En otras palabras, Dios no inició sus labores con la construcción del templo.

Sobre este templo están los ojos de Dios, ahí reside su nombre; desde ahí se ora a Dios, se le pide justicia; desde su morada escucha y perdona, hace justicia, condena al culpable y absuelve al inocente. Éstos son todos asuntos fundamentales de la piedad y la sociedad. Para el creyente es fundamental saber que Dios está presente, que lo escucha y lo perdona y que es justo. Por ello, nos debe importar la ética, que el culpable sea condenado y que el inocente sea liberado.

Al pensar en la oración, es necesario hacerlo con una perspectiva más amplia de la salvación. El Salmo 12 se inicia con el ruego: "Sálvanos, Señor" y se refiere a las conductas y actitudes que de una u otra forma permiten y representan la corrupción: falta de lealtad, mentira, labios lisonjeros, doblez de corazón, maltrato al desvalido. Esto forma parte de la oración individual y comunitaria; y se hace por la convicción que "tú los guardarás; tú nos protegerás de esta generación por siempre" (Sal 12.8).

En países donde la corrupción, el amiguismo y la impunidad son la norma, es apenas lógico que los ciudadanos sospechen de todas las reformas que las ramas legislativa, ejecutiva y judicial quieran hacer, por buenas que parezcan o por más cara de honrados que luzcan sus proponentes. Cuesta mucho trabajo creerles y no esperamos milagros. Sin embargo, el reconocimiento de la corrupción de la cultura en la oración y de su presencia entre los creyentes, nos pone en el camino de la trasformación de la sociedad (cp. Sal 50, 88 y 106).

Conclusión

El libro de Oseas nos muestra que Dios es poderoso para convertir el "no" en "sí", como escribe el apóstol Pablo en Romanos 4.17; Dios llama a las cosas que no son como si fuesen. Este movimiento del "no" al "sí" se observa en los nombres de lugares y personas al inicio del libro de Oseas. Jezreel es el lugar de muerte que se convierte en el lugar donde Dios siembra; es decir, le devuelve al nombre del lugar su significado original. Los hijos se llaman No compadecida y No es mi pueblo, pero llegará el momento en que se vuelvan Compadecida y Pueblo mío. Todo ocurrirá en el mismo lugar, el cual queda en Samaria (Os 1.10).

Dice el evangelio que a Jesús "le era necesario pasar por Samaria". Ahí entabló a solas y en forma íntima una conversación con una mujer que, además de ser samaritana, aparentemente tenía una reputación sexual dudosa. Pero Jesús se reveló a ella, samaritana y todo (no tenemos su nombre, sólo su procedencia), como su nuevo "yo soy" el que habla contigo. Se dio a conocer a ella como el Mesías. Para los judíos, el pueblo que era, supuestamente, *el* pueblo de Dios, los samaritanos eran "el no pueblo"; sin embargo, Jesús empezó "en este mismo lugar" a convertir en "hijos", en "pueblo suyo", a los que no eran pueblo (cp. 1P 2.10).[1] Ése es el evangelio y ésa es la esperanza.

¿Por qué no afectan los cristianos la sociedad de manera visible y convincente en el aspecto de la corrupción? Según Wijaya, porque a los neopentecostales inscritos en la teología de la prosperidad, les interesa más salir de la pobreza que la pureza ética, y a los evangélicos les interesa cambiar la sociedad por medio de la evangelización del individuo y no tanto con la responsabilidad política, ética y social. El problema, sostiene Wijaya, es que la corrupción funciona tanto en lo individual como en lo estructural, cosa que el individuo difícilmente podrá cambiar, y más bien termina amoldándose a la estructura de su círculo profesional y laboral, sean las Fuerzas Armadas, los cargos públicos por elección o por nombramiento, la empresa privada grande o pequeña, el mundo de la cultura, y hasta las iglesias y demás instituciones religiosas. La situación es compleja y trágica. ¿Es posible resistir la corrupción? ¿Tú has podido? Toca ver qué lugar ocupa el tema de la corrupción en la enseñanza de la teología en los institutos y seminarios bíblicos y teológicos, así como en la predicación en las iglesias: si ocurre en proporción a la magnitud del problema y a la frecuencia con que figura en la Biblia. Será difícil obtener las estadísticas de los sermones, pero el panorama no es muy alentador en las bases de datos académicas, las disertaciones y tesis de doctorado y los libros publicados sobre teología y corrupción social (datos mundiales). Artículos académicos sí hay más, uno de los cuales propone el desarrollo de una "teología contextual anticorrupción" a partir de diversas tradiciones teológicas de la historia del cristianismo (Wijaya, 2014: 230–34). En el último

---

1 Agradezco a Gail Taylor por su contribución con estas reflexiones.

capítulo exploraré algunas propuestas. Las campañas políticas no sirven de medida para la ética, pues ya sabemos que allí se promete el oro y el moro.

Oración:

> *Señor, la habitación de tu casa he amado, y el lugar de la morada de tu gloria.*
>
> *No juntes con los pecadores mi alma, ni mi vida con hombres sanguinarios, en cuyas manos está el mal, y su diestra está llena de sobornos. Mas yo andaré en mi integridad; Redímeme, y ten misericordia de mí. Mi pie se ha mantenido en rectitud; En las congregaciones bendeciré al Señor.* (Sal 26.8–12)

Capítulo 5

La corrupción de los líderes religiosos

Introducción

El mensaje del libro de Oseas se podría resumir así: Dios ha hecho un pacto con su pueblo. El pueblo de Dios se ha prostituido y Dios está despechado; legalmente Israel merece que le caigan las maldiciones contempladas en el pacto. Sin embargo, Dios decide amar a su pueblo y espera ser correspondido.

La pregunta que levanta este mensaje es: ¿si Dios ha sido tan bueno con Israel, hasta el punto de amarlo más allá de lo convenido, por qué Israel no le corresponde? La respuesta corta que la Biblia da a esta pregunta es que Israel es duro de cerviz. Por ello, no responde ni le corresponde a Dios en su amor. Pero, como Dios no puede simplemente dejar las cosas así, entonces recurre a un aspecto del pacto especificado para esta situación: la disciplina. Ésta llegará después de que hayan sido denunciados los responsables directos de la calamitosa situación.

La denuncia que nos interesa en este capítulo es la que se hace hacia dentro. Puesto que las denuncias de corrupción en nuestro continente son abundantes y bien documentadas, la primera reflexión a la que estamos invitados los creyentes es a preguntarnos cómo nos relacionamos con esa corrupción que sabemos existe. En la Biblia es frecuente la corrupción de los religiosos y el uso de la religión como un negocio. Si bien Oseas condena la injusticia social, la corrupción de los religiosos y de las instituciones que representan la fe es un asunto más prominente en su profecía, de modo que enfila todas sus baterías proféticas de manera implacable contra la corrupción de los líderes religiosos. En medio de todo esto, no debemos olvidar que el profeta

Oseas predica y denuncia con la esperanza de que el pueblo de Dios lo escuche, cambie y se salve.

En esta época de la historia (siglo VIII a. C.), el pueblo de Dios está formado por los reinos de Israel (norte) y Judá (sur). Oseas profetiza en el reino del norte, pero en algunos puntos menciona a Judá. Las dos interpretaciones más comunes de este asunto es que 1) Oseas predicó solamente en y para el norte, y que algún editor posteriormente añadió las referencias a Judá, dada la corrupción religiosa que allí existía también; y 2) que la profecía de Oseas no fue bien recibida en el norte y que el profeta entonces guardaba la esperanza de que en el sur sí lo escucharían. Como este es uno de esos asuntos en el que no se llegará a un consenso, solamente podemos ofrecer una opinión más. Dado que el reino del norte desapareció más de un siglo antes de que Judá fuera invadida, fue en Judá y en el exilio donde se preservaron estos textos. Tampoco es secreto que en Judá existiera muchas de las formas de corrupción conocidas en Israel, cosa que la misma Biblia afirma (p. ej., Jer 3.6–11). De modo que, si Judá aparecía originalmente en Oseas o no, el mensaje es igualmente válido para los dos reinos. Debemos recordar, además, que Amós fue un profeta de Judá que predicó en el reino del norte; si bien es cierto que quisieron expulsarlo, no fue por considerarlo extranjero, sino por la amenaza que representaba para la monarquía. Los vínculos religiosos entre los dos reinos permanecían a pesar de la división política y las enemistades adicionales (Emmerson, 1985: 100) de modo que por las porosas fronteras entre Israel y Judá seguramente circulaba de todo en ambas direcciones.

El profeta Oseas denuncia la corrupción de los religiosos

Una mirada al interior del ministerio profético

La primera tarea del primer profeta de Israel fue denunciar la corrupción de los sacerdotes. Samuel, quien combina las funciones de juez, sacerdote y profeta, inicia su ministerio anunciándole a su propio tutor, maestro y jefe, que Dios no veía con buenos ojos la indiferencia de Elí ante los abusos de sus hijos. Es curioso que de en medio de un sistema religioso corrupto surgiera la voz profética contra el gremio de religiosos corruptos, de modo que no todo está perdido, por perdido que parezca. Al mismo Moisés, profeta en un sentido más amplio, enfrentó un problema similar con su propio hermano, quien no resistió la presión del público y terminó patrocinando la idolatría desde los mismos inicios de la vida de Israel como pueblo.

Es merecida la denuncia que muchos hacen de la proliferación de iglesias con claros ánimos de lucro en casi toda América Latina. Los denunciantes no siempre podrán hacer alarde de una honestidad ejemplar, pero si los ministros de cualquier iglesia, especialmente las llamadas "cristianas," se enriquecen en poco tiempo con los dineros que extraen a sus feligreses, entonces podemos concluir tres cosas: 1) que esa iglesia es un negocio rentable, 2) que esos "ministros" son unos comerciantes exitosos, y 3) que muy probablemente ni los ministros ni los feligreses conocen el evangelio de Jesucristo, lo cual es de la más absoluta gravedad.

Lo anterior no quiere decir que la marca de una iglesia verdadera es que sus ministros aguanten hambre en compañía de los feligreses. Sin embargo, cuando alguien critica la iglesia o a "los cristianos" por cosas legítimas tenemos que decir que Dios está de acuerdo con esa crítica y que en la Biblia esas críticas son bastante comunes. Asimismo, al crítico se le preguntará por la plataforma moral desde la que juzga.

Como hemos visto, en el Antiguo Testamento hay denuncias contra líderes, gobernantes, sacerdotes y profetas que usaron la religión para enriquecerse. Lo mismo se denuncia en todo el Nuevo Testamento. Jesús y Pablo hablaron y militaron con autoridad e indignación contra instituciones e individuos de su época que convirtieron la religión en negocio (Mt 7.15; 24.11, 24; Mr 11.12–12.12). Pablo los llamó muy apropiadamente: "... los traficantes de la palabra de Dios", los que tuercen la palabra de Dios (2Co 2.17; 4.2). El asunto en la Biblia es supremamente serio, pues se trata de casos de vida o muerte, del destino de las personas. En otras palabras, Dios, por medio de sus profetas y predicadores, es el primero en denunciar la corrupción de los ministros. Por ello, "[a] nosotros nos corresponde presentarnos ante todo el mundo humildes y modestos. A nosotros se dirige la reprensión del Señor. La consigna es 'movilización hacia adentro'. Dios nos dirige, a nosotros los teólogos, no sólo palabras que transmitir, sino palabras de las que somos los exclusivos destinatarios" (Wolff, 1984: 89). Si reconocemos la labor teológica de los predicadores y maestros de la Palabra de Dios, diremos que las palabras de Wolff no son sólo para los teólogos.

Sólo para pastores (Os 4.1–5.7)

La segunda parte del libro de Oseas se inicia con un mensaje contra el gremio de los religiosos. Han terminado los relatos de su vida y comienzan las profecías propiamente dichas. Aunque la concatenación de las profecías de Oseas es un verdadero desafío para los intérpretes, generalmente se considera que el libro se compone de tres secciones: 1) los relatos de la vida familiar de Oseas (caps. 1–3); 2) la colección central de profecías (caps. 4–11); y 3) el cierre del libro (caps. 12–14). Algunos autores suponen que las dos últimas secciones corresponden a la última parte del ministerio de Oseas, poco antes de la caída de Samaria.

El inicio de esta sección que nos ocupa tiene un marcador literario en 4.1, donde aparece el verbo escuchar (heb. *shama'*), que en Oseas sólo aparece aquí y en 5.1. La sección comienza con las palabras "escuchen la palabra del Señor" (4.1) y se cierra con las palabras "ha dicho el Señor" en 11.11; esta última expresión aparece también en 2.15, 18 y 23. Otro marcador literario que nos ayuda a ver la separación de las secciones está en la expresión "palabra del Señor" que aparece en 1.1-2 y 4.1 solamente. Estas marcas son de las pocas cosas que se pueden decir en cuanto a estructura general del libro de Oseas, porque, como ya hemos dicho, el resto del libro no tiene una estructura reconocible, aparte de los paralelos entre secciones menores.

Dice un autor que es posible leer 4.1–2 como una especie de "tabla de contenido" donde se enumeran los temas que se van a tratar (Landy, 2011: 54). En la lista del inicio (v. 1) figura la expresión que más se repite en una tienda mal surtida: *No hay* (heb. *'ên*). Es la misma expresión que aparece en 3.4, sólo que ahí se traduce como "sin". Imaginémonos a Israel como una tienda a la cual va un comprador y pregunta: "¿Hay verdad?", y el dependiente responde: "No, no hay". Luego el cliente dice: "¿Hay misericordia?", y el empleado contesta: "No, no hay". Después el cliente pregunta: "¿Hay conocimiento de Dios?", y el dependiente responde: "No, no hay". Si la tienda fuera el pueblo de Dios, el comprador obviamente tendría que preguntar: "Entonces, ¿qué venden ustedes?".

Según el mensaje profético, hay tres cosas que una "tienda" que se llama pueblo de Dios no puede darse el lujo de no tener. Pero aquí la denuncia suena como un rap donde el "no hay" (*'ên*) se repite tres veces seguidas. Por esta causa, dice el texto, Dios entabla un pleito contra

Israel. La palabra que aquí traducimos como misericordia corresponde al término hebreo *ḫesed*, el cual es de una gran riqueza semántica, pues se traduce como misericordia, lealtad, amor, bondad, según el caso.

El trío *verdad, lealtad y conocimiento de Dios* es la característica mínima fundamental para reconocer al pueblo de Dios. Las tres palabras tienen que ver con confiabilidad. Aquí los cristianos tendríamos material para reflexionar un buen rato sobre las marcas de la iglesia. ¿Qué es lo que define al pueblo de Dios? ¿Coincide lo que creemos de nosotros mismos con lo que ven los demás?

Pensando más allá de la iglesia, la presencia de la verdad, la misericordia y el conocimiento de Dios se presentan en la Biblia también como fundamento de la sociedad. Por ser un asunto de fe, el conocimiento de Dios es algo que no se puede esperar ni mucho menos imponer en una sociedad secular. Pero, para que esa fe pueda ser por lo menos respetable ante la sociedad, es deber de los cristianos ser ejemplo de verdad y misericordia.

Cuando faltan la verdad, la misericordia y el conocimiento de Dios, el resultado es lo que dice el versiculo 2 con una lista de infinitivos: perjurar, mentir, asesinar, robar, adulterar y violentar. La lista termina con la expresión "sangre tras sangre", para describir lo que hoy llamaríamos, de una forma menos gráfica, "una alta tasa de homicidios".

La consecuencia de la ausencia de la esencia y la abundancia de la perversidad se personifica presentando a la tierra como una viuda que está de luto (cp. Os 8.8; Is 33.9; Jer 4.28; 12.4; Am 8.8). Todo esto parecería una exageración si pensamos que se les atribuye a los líderes religiosos. Sin embargo, el resto del capítulo 4 sugiere que se trata de las consecuencias que resultan cuando estos líderes han dejado de cumplir con sus responsabilidades:

> Los delitos mencionados aquí encajan perfectamente con el contexto sacerdotal: 1) negligencia en la enseñanza de la ley (4.6); 2) uso del culto para alimentar sus propios apetitos (4.7–10); 3) práctica de la adivinación (4.12); 4) ofrecimiento de sacrificios en los lugares altos (4.13a); 5) participación en orgias rituales de sexo (4.13b–14); 6) patrocinio de la lascivia relacionada con culto idolátrico (4.17–19); 7) falsa confianza en los sacrificios en los santuarios (5.6); y 8) procreación de hijos bastardos como fruto de orgías paganas (5.7). (Hubbard, 2009: 99)

Aunque hoy en día los estudiosos debaten el tema de la existencia de la llamada "prostitución sagrada", que Hubbard parece asumir en el punto 5, es claro que a los líderes religiosos se les hace un duro reclamo por haber estado ocupados en tareas distintas a las que por su oficio les corresponden. El daño aquí es doble, porque, en vez de enseñar lo correcto con la palabra y el ejemplo, más bien se han dedicado a conducir al pueblo de Dios a prácticas que, además de alejarlo de Dios, y quizá precisamente por eso, lo deshumanizan. Si bien es dudoso el tema de las "orgías rituales de sexo", sí es claro el uso que hace Oseas de un lenguaje cananeo de la fertilidad conocido en el culto a Baal. El uso de un lenguaje alusivo a la creación presenta un mensaje según el cual "[s]i los seres humanos no mantienen sus vidas en el orden apropiado, todo el mundo creado sufre" (Sweeney, 2000: 1.45).

Una traducción posible de 4.4 es: "Que nadie contienda ni nadie reprenda porque mi contienda es contigo, sacerdote". Ante las diferentes alternativas que se encuentran en las versiones, esta lectura es preferible dado el tenor del capítulo. Como conocedores de la palabra de Dios y responsables de administrar el culto, los profetas y los sacerdotes no responden solamente por sí mismos, sino también por el pueblo a su cargo. Aparentemente los profetas y los sacerdotes de Israel se han puesto de acuerdo en la administración del paganismo dentro del pueblo de Dios; hasta allá llegaron.

A estos ministros de Dios no les puede esperar nada distinto de lo que afirma 4.5: *Tropezarán y caerán el profeta y el sacerdote de día y de noche*. Tal vez esto es una forma de ridiculización, ya que ver tropezar y caer a alguien de cierta dignidad y vestidos distintivos siempre es divertido. ¿Será por los efectos del licor?

La "madre" en 4.5 es enigmática. Por estar en singular no resulta fácil asignársela a los profetas o a los sacerdotes. Si tomamos la pista de la metáfora fundamental de los primeros tres capítulos, probablemente se refiere a la "madre" de esta historia que es Israel, la nación (p. ej., 2.2). Visto así, entonces se referiría a la destrucción de todo Israel, en este caso referido al reino del norte.

Siguiendo con el modelo del profeta Samuel, cuando Oseas lanza estas profecías tan duras contra los sacerdotes y los profetas, está atacando a su propio gremio. Con estas denuncias, Oseas hace a los ministros religiosos responsables de lo que pasa (v. 1); al profeta, por su responsabilidad de enseñar (Lv 10.11), y al sumo sacerdote como representante simbólico del pueblo (Éx 28.30, 38). En 4.6 se iguala conocimiento de Dios a conocimiento de la Ley de Dios; es decir, la obediencia (Landy, 2011: 58). Varios textos sugieren que muchas veces los profetas desarrollaban alguna función en el culto. En Isaías, además, es claro que la pérdida del equilibrio y los tropezones de profetas y sacerdotes son causados por el exceso de licor (Is 28.7–8).

Los cristianos normalmente se alegran con el crecimiento de las iglesias y los ministros. Pero, como le tocó ver al profeta Oseas, los números no siempre son motivo de alegría. En el caso del Israel antiguo, el aumento de la maldad era directamente proporcional al aumento de los ministros, de modo que la petición al Señor de que envíe obreros a su mies (Mt 9.38; Lc 10.2) sigue vigente aun cuando en apariencia ya haya muchos.

Es probable que la oposición de Oseas a las instituciones responsables del culto no sea contra ellas en sí mismas, sino contra "su corrupción y abuso" (Emmerson, 1985: 143). Es decir, las instituciones no deben desaparecer, sino reformarse y transformarse permanentemente. Esto es más fácil decirlo que hacerlo, porque, si a algo son reacias las instituciones, es al cambio. El mismo libro de Oseas y otros profetas son claros en este asunto. Por ello, como hemos visto, puede ser que llegue el día en que lo más conveniente para una nación, como les ocurrió a Israel y a Judá, es que las instituciones y su liderazgo desaparezcan completamente, dado que no hay reforma que realmente logre cambiarlas de manera significativa. El problema obviamente es que estas cosas no ocurren sin que haya de por medio mucho sufrimiento.

Oseas 6.1–6 presenta otra descripción de las faltas de los profetas y sacerdotes. Se trata de tres marcas esenciales que abarcan la totalidad de la vida y se pueden observar en actividades importantes, pero también en las acciones más pequeñas de los ministros:

1. Abandono de la predicación de la palabra de Dios	• Qué deja de hacer
2. Búsqueda de dinero, fama y poder	• Qué busca
3. Inmoralidad/impureza	• Cómo vive

Como se puede constatar en la historia de Israel, el problema del pueblo de Dios nunca fue la suspensión del culto ni de los sacrificios o que hubiera menguado la asistencia a las celebraciones. Todo lo contrario. Varios profetas preexílicos sugieren lo opuesto. Ni los ministros les reclaman a los feligreses ni los feligreses les hacen exigencias a los ministros, porque ambos prefieren el culto pagano (4.9). Es decir, en el Israel antiguo ocurría una continuidad entre la cultura y la práctica religiosa. Cuando el pueblo de Dios incorpora en el culto creencias y prácticas propias de la cultura circundante contrarias a la palabra de Dios, con alguna modificación para que no parezcan lo mismo, los participantes notan algunas diferencias, pero no sienten un choque ni una ruptura entre las creencias que traen de la cultura y las que se les ofrecen en el culto. Asimismo, para sentir que sí están en contra de la cultura, seleccionan unas cuantas prácticas específicas "del mundo" y las convierten en caballitos de batalla con los que se engañan a sí mismos creyendo que son radicalmente diferentes de la cultura.

Para que no se te olvide

Los escritos bíblicos son ejemplo de una gran riqueza en el arte de la comunicación. En cada texto se nota un claro esfuerzo creativo por comunicar un mensaje que, además de ser comprensible, tiene lo necesario para posibilitar su recuerdo. De ahí que el vocabulario, las imágenes, los procedimientos literarios y el estilo sean cuidadosamente seleccionados y pulidos. Oseas, como hemos visto, no es la excepción. Veamos algunos casos para ilustrarlo.

En el capítulo 4 de Oseas se usa una imagen muy común en la Biblia: el litigio (heb. *rîḇ*). Se trata de un término técnico que se utiliza para entablar una demanda o acusación formal en la que Israel (o Judá) es llamado a cuentas por haber incumplido su parte en el pacto (4.1, 4). De hecho, en los textos proféticos del Antiguo Testamento existe lo que se conoce con el nombre de "discurso de demanda". No se trata de discursos uniformes que estén estructurados según un formato y una terminología específicos, sino más bien de discursos proféticos variados donde se formula una demanda en la cual Dios figura simultáneamente como demandante y juez; esto último no es siempre fácil de establecer (Sweeney, 2000: 1.41–42).

Bien es sabido que el pleito es una situación común y corriente en el mundo de los negocios y las relaciones formales. Así como la relación de Dios con su pueblo se establece con el modelo de pacto, el incumplimiento de éste necesariamente se saca a la luz en términos de un pleito, una demanda. Una vez interpuesta, quedan dos posibilidades: reestablecer el pacto bajo ciertas condiciones o darlo por terminado.

Como Dios ha decidido no dar por terminado el pacto, Israel deberá asumir las consecuencias de su incumplimiento. En el Antiguo

Testamento es común la formulación de un castigo en la misma especie del mal cometido, cosa que también posibilita que el oyente vuelva a encontrarse con el mensaje y revivirlo en las experiencias cotidianas: rechazaron el conocimiento, yo también los rechazaré; "se alimentan del pecado de mi pueblo y con sus culpas matan el hambre"; has olvidado la ley de tu Dios, yo también me olvidaré de tus hijos; comerán y no se saciarán; se prostituirán, pero no se multiplicarán (4.6–10).

Hacia el final del capítulo 4 aparece una serie de metáforas que dan cuenta del comportamiento indisciplinado de Israel, lo cual lo conduce a una vida carente de constancia y de sustancia. La prostitución, que en Oseas es una metáfora para la infidelidad a Dios, se plantea en términos de una novilla que no ha sido domada y como un animal salvaje que da rienda suelta a sus apetitos sexuales. Éstas son también situaciones de la vida del campo con las que Israel estaba familiarizado.

Las intenciones de Israel de convertirse figuran en el capítulo 6 con una lista de fenómenos que no duran casi nada: las nubes, el rocío, el tamo y el humo. Bastaba con mirar hacia el cielo, salir al campo en la mañana, o mirar un fogón en la cocina para ver la descripción que hace el profeta de los intentos de Israel de convertirse.

Es decir, estos ministros siguen en sus cargos y oficios, pero se dedican a algo completamente distinto de la esencia del ministerio que se les ha encomendado. El asunto aquí no se determina por la opinión del ministro mismo, sino por lo que se ve. Es decir, sigue ocupado en muchas cosas, menos en la verdad, la lealtad y el conocimiento de Dios. Es posible que la manera como Oseas definiría a un ministro corrupto sería por medio de una pregunta: "¿Usted a qué se dedica?".

Ley, historia y oración

En la Biblia es normal la mezcla de leyes jurídicas con religiosas (Dt 16.21–22). Así se mantienen inseparablemente unidas la teología y la praxis, la religión y la vida. La prohibición del culto a Aserá (con una imagen de madera) al lado del Señor existe porque en el Medio Oriente antiguo era común que los dioses tuvieran "esposa" o "consorte". En la mitología cananea, Aserá es la esposa del dios *El*, y Astarté es la consorte de Baal. El nombre de la diosa normalmente aparece en plural, Astarot (Dt 12). Los reyes Salomón, Acab y Manasés fueron culpables de este pecado, y con ellos muchos israelitas (1R 11.8; 2R 21). La arqueología ha confirmado estas prácticas con los hallazgos de figurillas, sitios de culto (incluyendo casas) e inscripciones donde se habla del Señor (YHWH) y su Aserá. En la antigüedad ya habían descubierto que para que el culto fuera exitoso era indispensable acomodarlo a lo que la gente quería. Para confirmarlo, bastaría con preguntarle a Aarón por qué hizo un becerro de oro.

A pesar de que Israel es desobediente, Dios está dispuesto a perdonar y a restaurar a un Israel penitente, que en oración y de corazón reconoce que le ha sido infiel y se convierte de sus malos caminos (Dt 30.1–10). El requisito es tan sencillo de entender como difícil de practicar: volver a Dios de corazón. Como muestra la historia, tal hecho no ocurrió como fruto de una comprensión que llevó a una conversión masiva del pueblo a Dios. Esto sucedió a partir del exilio y por causa del exilio. La oración descrita en Deuteronomio se hace realidad en labios de los judíos en su renovación del pacto al retornar del exilio (Neh 8–9 cp. 1R 8.33–34).

La restauración aquí planteada no es producto de la iniciativa humana en un momento de lucidez; requiere una obra que Dios hace en el corazón de los israelitas: "Y circuncidará el Señor tu Dios tu corazón y el corazón de tu descendencia para que ames al Señor tu Dios con todo tu corazón y con toda tu alma y con todas tus fuerzas" (v. 6). La idea se expresa por medio de una imagen bien conocida y central en la fe de Israel: la circuncisión. Es algo que Israel debe hacer: "circuncídense el corazón" (Dt 10.16); y también que hará Dios: "El Señor circuncidará tu corazón". El propósito de la imagen es triple: mantener la práctica de la circuncisión, recordar cuál es su verdadero significado y mantener viva la relación entre rito y ética (Sal 50.5–23). El arte comunicativo en este texto une liturgia, cuerpo, ética y espiritualidad en un par de renglones.

A fin de cuentas, Israel es incapaz de obedecer a Dios por sus propias fuerzas; por ello, necesita la presencia y acción divinas. Una de las formas que tomará esa circuncisión es el paso por el desierto nuevamente, en este caso hacia el norte, para ir a Asiria/Babilonia. En el Nuevo Testamento esta tarea se le asigna al Espíritu Santo. Dicho de otra manera, sin la ayuda de Dios no puede haber pueblo de Dios.

Los poderes y sus órganos de control (1S 3.1–21)

Los primeros capítulos de 1 Samuel relatan el nacimiento de dos grandes instituciones en Israel: el profetismo y la monarquía. En la secuencia de los libros bíblicos, el profeta, es decir, la palabra de Dios, es la respuesta del Señor al caos en el que Israel ha quedado sumido al final del libro de los Jueces. Así como al final del capítulo 11 de Génesis Dios responde enviando su palabra y llamando a Abram, aquí envía su palabra por medio de Samuel, en una época cuando "la palabra del Señor era cosa rara y no había visiones con frecuencia" (1S 3.1). Algo parecido ocurre en tiempos de Josías, cuando la palabra de Dios ha desaparecido y parece que nadie se ha dado cuenta. El hallazgo del libro de la ley se presenta también como respuesta de Dios a la decadencia de su pueblo (2R 22.8–20).

Pero el pueblo de Dios no quiere la palabra de Dios ni al profeta. A Samuel le responden que, en vez de la palabra de Dios, prefieren otras instituciones, las que se pueden manipular: religión, rey y ejército (1S 4–12). Éstas son las instituciones que se establecen, y su relación con la palabra de Dios dominará la historia de Israel hasta el exilio relatado al final de 2 Reyes.

Como ya hemos dicho, la primera tarea de Samuel como profeta fue confrontar el aparato religioso del cual él mismo era parte (1S 3.1–21). Le tocó pronunciarse contra los hijos de su jefe, Jofni y Finees, y contra su jefe mismo: Elí. A juzgar por la forma como trataban a los profetas que se pronunciaban contra las instituciones, uno supone que Samuel corría un riesgo grande, incluyendo el final de su carrera (¡y de su vida!) al hablar tan severamente. Por ello, teme hablar y Elí prácticamente tiene que amenazarlo para que le diga qué le ha dicho el Señor. Sorprende también la respuesta de Elí: *Es el Señor. Que haga lo que bien le parezca* (1S 3.18). Aunque Elí es la persona juzgada por permitir que sus hijos abusen del oficio sacerdotal, al no justificarse ni dar explicaciones, de alguna manera es un modelo de sometimiento a la palabra de Dios.

El nacimiento del profetismo en el seno de la institución religiosa y justo antes del nacimiento de la monarquía sienta un precedente importante para Israel. El mensaje es que todos se someten a la palabra de Dios sin importar rangos ni estratos sociales. Por otra parte, la forma como el Señor le habla a Samuel quizá señala que el profeta debe tener seguridad de que es Dios quien le ha hablado y que el mensaje no es producto de problemas digestivos ni del insomnio.

Una de las marcas de los profetas de Dios es su independencia, expresada en su carácter de individuos insobornables. Por razones obvias, en sus funciones como órgano de control, el profetismo de ninguna manera puede depender de los poderes establecidos. Por ello, en la historia de Israel se marca una clara distinción entre los profetas a sueldo y los profetas auténticos. El sueldo no siempre será por nómina; existen muchas formas en que los líderes religiosos les cobran a los poderes por sus servicios; hoy en día, por ejemplo, algunos líderes religiosos y autodenominados profetas tienen como gran honra salir en la foto con el político, con lo cual queda saciada su hambre de reconocimiento. Algunos profetas bíblicos, como Natán e Isaías, tenían mucha cercanía al poder, pero hay que ver la manera tan directa y contundente como confrontaron la corrupción de las autoridades a las que fueron tan cercanos.

La autocrítica en el gremio de los profetas (2R 5.1–27)

A lo largo de la Biblia aparece una serie de historias en las que a los extranjeros se los pone como ejemplo de fe e integridad. Conocidos son los casos de Rahab, una mujer cananea dedicada a la prostitución, quien mostró más fe en Dios que el israelita Acán; Urías, el soldado, marido de Betsabé, que fue más leal que el rey David; y varios extranjeros elogiados en el Nuevo Testamento como individuos de una fe poco conocida en Israel.

Nos ocuparemos brevemente ahora de un caso de los tiempos del profeta Eliseo. Se presenta aquí el contraste entre un general del ejército sirio que busca a Dios y los reyes de Israel que buscan otros dioses. Es posible para un sirio (Naamán) creer en el Señor en tierra de paganos (Siria) y serle fiel, aunque ingrese y se postre en el templo de un dios pagano (Rimón); en cambio, los reyes de Israel han importado dioses paganos a la tierra de Israel para adorarlos en el templo que supuestamente le construyeron al Señor.

En la sección final de este capítulo de 2 Reyes (vv. 20–27), cuando creíamos que la historia tendría un final feliz, figura un episodio que muestra la corrupción del propio asistente personal del profeta: Guejazí. El lector inmediatamente deja de juzgar a Naamán por las peticiones que le hace a Eliseo en cuanto a su involucramiento en el culto pagano al que le tocará seguir asistiendo por causa de su servicio al rey sirio. Esto palidece al lado de la gravedad de la corrupción de "la gente de fe" en el propio Israel. Pareciera que el final de esta historia le quisiera mostrar al lector que, a fin de cuentas, el verdadero problema de los creyentes es la corrupción.

Eliseo le dice a Naamán: *Tan cierto como que vive el Señor a quien sirvo, que no tomaré nada* (de Naamán, v. 16), mientras que Guejazí dijo:

Tan cierto como que vive el Señor si no corro detrás de él (de Naamán) y algo tomo de él (v. 20). Y así lo hizo.

Guejazí cometió varias faltas que nos podrían ayudar a pensar en el ministerio:

1. Usó el nombre de Dios en vano.
2. Le mintió a Naamán.
3. Se aprovechó de la buena fe de Naamán en un momento de vulnerabilidad espiritual.
4. Utilizó la reputación de su gremio para beneficio propio.
5. Utilizó el nombre de Eliseo para engañar ("mi señor me ha enviado").
6. Le cobró a Naamán por el milagro.
7. Le mintió a Eliseo/su superior.

La reprimenda de Eliseo parece exagerada en el sentido de que acusa a Guejazí de haber recibido *dinero y vestidos, olivares y viñas, ovejas y vacas, criados y criadas* (v. 26), cuando él solamente recibió dinero y vestido (v. 23). No podemos ahora acusar a Eliseo de mentiroso también. Sabemos que el rey de Israel le quitó la viña a Nabot (1R 21.1–29) y que a la viuda de un profeta le iban a quitar sus dos hijos para convertirlos en esclavos (2R 4.1–7). Es posible entonces que Eliseo esté metiendo a su ayudante con otro grupo más grande de individuos inescrupulosos en Israel que se han aprovechado de las circunstancias para enriquecerse. Ésa es la corrupción. Por ello, Guejazí recibe un castigo severo: lo único que obtuvo finalmente de Naamán fue la lepra (v. 27).

Guejazí es el individuo más cercano al profeta Eliseo, el que ha visto las maravillas de Dios y les habla a otros de ellas, el que escuchó las palabras del profeta y fue testigo de su integridad. Sin embargo, de nada le sirvió todo eso. Por obtener unas cuantas cosas materiales, quizá para asegurarse un futuro mejor o lucir mejor, decide renunciar a la amistad, la confianza, la reputación del nombre de Dios y del profeta. Todo lo bueno que ha recibido lo considera basura con tal de obtener bienes materiales. Así, esta historia autocrítica se suma a la lista de relatos del Antiguo Testamento en los que un extranjero glorifica a Dios, y un israelita, que de profesión está dedicado a asuntos de la fe, lo avergüenza; una historia donde el "enemigo" se sana y el "paisano", que representa a los religiosos, se pudre en su corrupción. De modo, pues, que el religioso no está menos expuesto ni menos tentado a la corrupción. Quizá es hasta más proclive a caer debido a la confianza que su investidura inspira ante algunas personas. Así las cosas, los ministros son tal vez los que más deben cuidarse de la corrupción, a los que más de cerca hay que vigilar y quienes necesitan más oración.

El Salmo 50 dice que Dios no come; que no come de los sacrificios que Israel le ofrece. Y añade, con tono irónico: *Si tuviera hambre, no te lo diría, pues mía es la tierra y todo lo que hay en ella* (v. 12). El salmo dice eso porque la gente piensa que Dios sólo está interesado en los sacrificios que le ofrecen los creyentes. Por ello, Israel y Judá en muchos momentos de su historia llegaron a desobedecer a Dios en todo, menos en los sacrificios (v. 8). Pensaron: "Dios con barriga llena, tendrá el corazón contento. Si culto es lo que quiere, culto le daremos". Así, mantienen la Biblia en la mano y a Dios en la boca (Sal 50.16–23).

Del Salmo 50 no se componen muchas canciones. Quizá por lo que dice: no nos gusta que nos corrijan, ni siquiera Dios. Este salmo es de una gran importancia y puede orientar nuestra oración para estos tiempos en América Latina, donde observamos un crecimiento vertiginoso de los cristianos. El salmo señala sin titubeos un problema grave: los que se mantienen recitando textos bíblicos, pero no corrigen su conducta.

La lista de faltas no será exhaustiva, pero sí suficiente: corre con el ladrón, miembro del partido de los adúlteros, deslenguado, tramposo, murmurador y difamador. Hablar es tan fácil y hablar de otros puede ser hasta sabroso, pero aquí el asunto apunta al daño que se hace a los demás. Esto se compara con lo que se dice en la Epístola de Santiago.

La expresión "Cuando ves al ladrón, corres con él" es una traducción exacta del texto hebreo. Es una forma poética de decirle "ladrón" al ladrón, pero sin hacerlo directamente, como cuando uno habla de alguien corrupto y dice que fulano de tal "se tapa con la misma cobija". Lo de correr con el ladrón lleva el elemento irónico, porque si un ladrón corre, el otro que corre se supone que intenta capturarlo, pero el de este salmo ve al ladrón y corre con él porque es su cómplice.

Conclusión

En el evangelio hay un contraste entre la corrupción que ocurre en el templo y la sanidad que trae Jesús (Mt 21.12–22). Note la estrategia de Mateo al poner las sanidades a continuación de la corrupción. De la corrupción en el templo resulta la indignación de Dios; de las sanidades de Jesús, resulta la alabanza a Dios.

Dos de los problemas más grandes de Colombia (y quizá de otros países también) son "la justicia social y [...] la convivencia pacífica entre sus ciudadanos". Estos problemas no son muy diferentes de los que conoció Jesús y en los que nació la iglesia. Por lo tanto, la agenda de la iglesia de hoy debería considerar, primero, el lugar que ocuparon estos asuntos en el discurso de Jesús y, segundo, el que ocuparon estos asuntos en la vida de la iglesia. Vivimos en "un Estado en construcción, que no ha logrado atender las necesidades básicas de la población, ya sea en materia de salud, de recreación, de comunicaciones, de educación, de seguridad y, por supuesto, de bienestar social" (Arias, 2011: 195).

En un mundo con unas características similares se corrompió Guejazí, el ayudante del profeta Eliseo. Especialmente en épocas electorales se ve a muchos ministros correr cual Guejazí detrás de algún poderoso para ver qué le pueden sacar. La diferencia es que Naamán conoció la gracia de Dios y fue asaltado en su buena fe, lo cual en nada se parece a los que conceden favores y reparten bienes para luego cobrar. No podemos ser ciegos ante el hecho de que "la corrupción, la impunidad, los vicios electorales, la intervención de las bandas criminales en los asuntos políticos, arrojan muchas sombras sobre la supuesta solidez de la democracia colombiana" (Arias, 2011: 196).

Los católicos hablan de "la evangelización de la cultura" como medio para combatir la corrupción. Yo creo que no podemos hablar de que "hemos perdido los valores cristianos", porque la presencia histórica de la corrupción y la cultura del vivo en nuestro país sugiere que nunca hemos tenido tales valores.

Capítulo 6

Una teología anticorrupción

Introducción

Algunas investigaciones académicas confirman que muchos de los países más religiosos del mundo figuran entre los más corruptos. Esta realidad sugiere que todas las religiones, a pesar de mostrar enseñanzas éticas claras en sus escritos sagrados, tienen poco impacto en la actitud de la gente hacia la corrupción que existe en la cultura. En esto no hay diferencia si el país es mayormente musulmán, budista o cristiano (Wijaya, 2014: 221–222). Pero, peor todavía, los estudios también muestran que en muchos países la corrupción es parte de las mismas instituciones religiosas, incluyendo los sitios de culto, como las iglesias (Wijaya, 2014: 223). Probablemente nuestra propia observación confirma lo que dicen los estudios.

Como lo muestra el caricaturista colombiano Matador, hay gente que pretende luchar contra la corrupción por medios corruptos (El Tiempo, s. f.), lo que demuestra que las campañas, las leyes y las marchas no cambian la cultura. De modo que una pregunta fundamental en este tema es cómo cambia la cultura, pero la respuesta no es nada fácil.

En cuanto a la corrupción se refiere, el mundo bíblico es muy parecido al nuestro. De la Sagrada Escritura aprendemos en primer lugar que Dios se opone a la corrupción y la castiga; segundo, comisiona a individuos llamados por Él para denunciar la corrupción; en tercer lugar, invita a los creyentes a sacar a la luz estos temas en la oración y, por último, nos llama a abstenernos de toda forma de corrupción. Ninguna de estas instrucciones es fácil de seguir para nadie.

Existen en la literatura latinoamericana muchos retratos de la corrupción. Aparte del individuo que de entrada es corrupto, están los que trabajan honradamente, los que desean servir y los que quieren cambiar al mundo. Pero, casi sin excepción, en las novelas latinoamericanas (sobre todo en la "novela negra") todos terminan igual de corruptos. Unos caen por la ambición, otros por la física necesidad económica; en algunos casos por la frustración que producen las trabas burocráticas o por la falta de oportunidades causadas por la misma corrupción. Es decir, se completa el círculo perverso, en el que la corrupción engendra corrupción. El cuadro que nos pintan novelas como *El miedo a los animales* (Serna, 1995) o *El ruido de las cosas al caer* (Vásquez, 2011) es de total desesperanza, pues parece que la corrupción siempre gana.

La corrupción es generalizada

Los capítulos anteriores nos servirán ahora como materia prima para proponer una breve teología anticorrupción. Los escritos teológicos anticorrupción sí existen, pero no son tan abundantes como en otros temas que por siglos han ocupado a los académicos. Afortunadamente, como señalamos en la introducción de este libro, ha sido poca la bibliografía teológica dedicada a la corrupción, pero ha ido creciendo; esperamos que esta breve reflexión contribuya algo en esa conversación.

Una de las preguntas que se hacen los estudiosos al tratar de entender la condición de los países donde hay mucha corrupción es si la cantidad de normas, reglas y regulaciones oficiales que existen son producto de la corrupción o causa de ella. Esto es quizá el huevo y la gallina de la corrupción, de modo que tal vez no valga la pena intentar resolver el asunto, sino apenas reconocer que la corrupción puede ser rampante ya sea con pocas o muchas leyes. Sin embargo, como decíamos en la Introducción de este libro, no debemos permitir que al perro más flaco se le peguen las pulgas y suponer que la corrupción no existe en los países ricos. Basta con escuchar los discursos en las campañas electorales de cualquier país desarrollado para saber que ahí la corrupción está igualmente desarrollada y sofisticada. El asunto no es que en unos países haya corrupción y en otros no. En todos la hay. Sin embargo, las diferencias de una sociedad están marcadas por su aceptación o rechazo cultural, la extensión y profundidad de las prácticas corruptas, cuánto se tolera y cuánto se disfraza en los ambientes sociales donde ocurre, y la severidad o debilidad de su castigo. En el caso de Oseas constatamos que la corrupción no se plantea en términos de desarrollo económico, sino como asunto teológico y ético: es infidelidad, inmoralidad, injusticia; es decir, es cuestión de la condición humana y su expresión en las instituciones.

La omnipresencia de la corrupción en el mundo, aun donde parece que no la hay, sugiere que es inherente al ser humano. Los textos legales más antiguos dan cuenta de cuán proclive es la humanidad a la corrupción. Por ejemplo, el texto egipcio conocido como "El campesino elocuente" relata con lujo de detalles la cantidad de injusticias de las que es objeto un individuo trabajador por causa de la corrupción circundante. Éste es un documento que data de hace más de 3500 años (de mediados del segundo milenio antes de Cristo). Muestra que "El problema se presenta, no porque alguien ha robado los asnos de un campesino, sino porque la sociedad en la que vive padece bajo la corrupción de sus funcionarios" (Ramírez, 2010).

La corrupción en la antigüedad también se puede constatar en la práctica de la religión. Cuando los filisteos en la época de Samuel se ven amenazados por la presencia del arca del Señor que habían capturado, utilizan una serie de artilugios con el fin de sobornar a Dios mismo para que los dejara en paz (1S 5.1–12).

Excepciones habrá, pero, por regla general, dondequiera que haya seres humanos, habrá ocasión para la corrupción. Existen franjas sociales en las que puede haber más o menos corrupción. Por ejemplo, en los países desarrollados normalmente no es necesario sobornar a nadie para un trámite con el gobierno. Eso sería impensable; sin embargo, la corrupción no es extraña en el mundo de los negocios a gran escala donde participan políticos y empresarios de grandes compañías. Cuando hacen negocios con países donde abunda la corrupción, las grandes empresas de países desarrollados utilizan intermediarios y comisionistas, a los cuales les pagan sobornos, que ellos elegantemente llaman "incentivos y atenciones", con el fin de obtener contratos y licitaciones. No lo hacen directamente, sino por intermedio de "comisionistas". De esta manera, nunca se les puede probar comportamiento ilícito alguno. Estas prácticas son de vieja data, como lo registra Alfonso Quiroz, quien afirma que los comerciantes extranjeros se han acostumbrado a referirse a los sobornos con el eufemismo de "comisiones locales", para asegurar contratos, concesiones y ventas a gran escala. También son conocidos casos en los que, para la realización de obras públicas de gran envergadura, la banca de un país rico hace préstamos a otra y los contratos se los conceden a empresas de los bancos del país destinatario (Quiroz, 2015: 286, 298).

Recientemente se ha conocido otro tipo de corrupción originada en un país rico: el caso de fabricantes alemanes de automóviles a los que se les alteraron los computadores para que aparecieran con menos emisiones de gases de los que realmente producían. Es probable que al alemán promedio le avergüencen estos hechos por considerarlos indignos; pero en otro país algo parecido sería considerado normal, y los ciudadanos se avergonzarían de haberse dejado capturar, mas no del hecho.

Pero tampoco nos vamos a consolar con eso ni a negar que la corrupción en nuestros países es de una enormidad preocupante puesto que afecta a todo. Las peores formas de corrupción, o por lo menos las que causan más indignación, son las de quienes literalmente le quitan el pan de la boca al pobre. Un ejemplo es el de los congresistas en el Perú a comienzos del siglo XX. A los profesores les pagaban con vales que los congresistas se los hacían efectivos por una comisión del 25 % (Quiroz, 2015: 301). Peor todavía son los casos en Colombia en los que algunos aprovechados se organizan y crean empresas con el fin de robarse los dineros destinados a los comedores infantiles para los niños más pobres (Revista Semana, 2016a); o los funcionarios del gobierno que se roban los recursos destinados para suplir las necesidades de las personas desplazadas por la violencia (Revista Semana, 2016b). En cualquier caso, no se nos olvide que toda forma de corrupción es un robo que produce pobreza, atraso y muerte.

¿Tiene solución la corrupción?

Ante este panorama mundial, algunos estudiosos de la corrupción política son bastante pesimistas; opinan que es difícil definir la corrupción y, por lo tanto, combatirla, dado que ello está determinado por un tema mayor en el que los seres humanos no nos hemos puesto de acuerdo: cuál es el mejor sistema de gobierno. Así las cosas "todo proyecto de globalización de la lucha anticorrupción es inviable, pues éste presupone que las formas de gobierno sean previamente estandarizadas, lo cual no solo no parece posible, sino también poco deseable" (Vásquez y Montoya, 2011: 252).

Quienes promueven las campañas anticorrupción obviamente creen que es posible erradicarla o, por lo menos, disminuirla. En lo que sí estaremos todos de acuerdo es que la gravedad de la corrupción mundial es tal que no da espera y que es tarea de todos adquirir conciencia de la realidad y omnipresencia de la corrupción, conocer sus alcances y luchar de manera intencional en contra de este flagelo.

Aunque no estemos de acuerdo en cuanto a las formas de gobierno, es necesario saber de la existencia de la corrupción transnacional y las específicas de cada país. No podemos esperar hasta encontrar un sistema de gobierno en el que todos los seres humanos estén de acuerdo para sólo entonces hablar de qué es corrupción. Por ejemplo, el soborno de un juez para que deje libre a un delincuente es corrupción en cualquier forma de gobierno donde tal cosa sea posible y ocurra. Igual ocurre con delitos como prevaricato, malversación de fondos, expropiación de tierras y bienes a campesinos, y tantos otros.

Así, pues, independientemente de que un gobierno específico sea monarquía, oligarquía, dictadura o democracia, algunos delitos de corrupción se calificarán como tales y harán los mismos daños en cualquier tipo de Estado. Nadie se podrá defender en un tribunal internacional aduciendo que tiene otra concepción del gobierno y, por lo tanto, no lo pueden acusar de corrupción por haber aceptado un soborno. El problema, en últimas, no es solamente que existan leyes donde los delitos estén tipificados, sino que los encargados de hacer cumplir la ley cumplan con su trabajo. Sin esto último, de nada sirven las leyes.

En el caso del Antiguo Testamento, en el que se da por sentada la monarquía, así como la existencia de un ejército, la religión y demás, también se denuncian como corrupción la falta de justicia, la falsedad y los actos indebidos cometidos por los líderes de las instituciones encargadas de enseñar y hacer cumplir la ley. Como notamos, al rey Acab y a su mujer Jezabel se los condena severamente por quitarle la tierra a un campesino llamado Nabot (2R 21.1–29). Pero también están los buenos ejemplos. Pocos líderes nacionales podrían hablar como Samuel, quien, si bien sus hijos no fueron ejemplares, pudo desafiar a todo el pueblo y preguntar quién lo acusaba de haber tomado lo que no era suyo, de haber maltratado a alguien o de haber recibido un soborno. Samuel no tenía nada en sus manos y así se lo dijeron (1S 12.1–6). En otras palabras, es posible ser un líder que practica la justicia y el derecho, aunque sus antecesores y los que lo siguen sean corruptos. Campañas anticorrupción aparte, la responsabilidad del ciudadano no es acabar él solo con la corrupción en su generación, sino no participar de ella.

Si bien no estaremos de acuerdo en una definición de corrupción, todos podemos reconocerla y sentir sus efectos. Se la puede definir como la utilización indebida del poder o de una posición privilegiada con el fin de obtener beneficios personales más allá de los legítimamente pactados. En lo que sí debemos estar todos de acuerdo es que no existe corrupción que "no le haga mal a nadie". Los bienes y riquezas obtenidos por acciones corruptas siempre van en detrimento del bienestar, del patrimonio y de los intereses del resto de los ciudadanos. Esto va desde colarse en una fila hasta sobornar a un funcionario público por un contrato de infraestructura con la nación.

Puede ser interesante la discusión sobre la historia de los modelos de gobierno y lo que para cada uno es corrupción, pero necesitamos entendernos en un plano mínimo, porque el tema no da espera. El corrupto usa instituciones legítimamente constituidas para robar; corrupción es el uso de esas instituciones y entidades legítimamente constituidas para robar; el robo es algo que todos entendemos. Alguien toma para sí lo que no es suyo, lo que no le pertenece, lo que nadie le ha dado permiso para tomar, especialmente cuando el robo causa muerte (salud, tierras), atraso (infraestructura), desigualdad (educación) y efectos semejantes.

Una teología bíblica anticorrupción es un intento de responder las siguientes preguntas: 1) ¿Por qué está Dios en contra de la corrupción? 2) ¿Qué responsabilidades le impone la respuesta anterior al pueblo de Dios? Y 3) ¿Cómo se relaciona la lucha contra la corrupción con la misión de Dios en el mundo? Sobre estas preguntas nos proponemos reflexionar en las tres secciones que siguen bajo los títulos: "La justicia y el derecho: fundamento del trono de Dios", "El fundamento de la ética del pueblo de Dios" y "La aplicación de la Biblia en la sociedad".

La justicia y el derecho: fundamento del trono de Dios

En esta sección intentamos responder la primera pregunta: ¿por qué está Dios en contra de la corrupción? Por trono de Dios se entiende la soberanía que ejerce sobre toda la creación. Antes de pensar en lo que debemos hacer los cristianos para combatir la corrupción, es necesario establecer una base teológica mínima a partir de la cual pensar nuestro actuar en el mundo. La razón por la que comenzamos con la justicia como el fundamento de Dios es sencilla: "La justicia es el principal atributo de la actividad de Dios en el mundo" (Birch, 1991: 155). Pero es necesario hacer algunas aclaraciones sobre el término justicia. Esta justicia de Dios no es la de El Zorro ni la de Superman. Estamos hablando de un concepto más amplio. Esta pareja de términos, en relación con otros, forman un concepto de una gran riqueza en el Antiguo Testamento, que ha sido explorado por muchos autores (p. ej., Wright, 1996: 153–168). El término hebreo que se traduce como justicia es *mishpat* (מִשְׁפָּט), el cual muchas veces aparece acompañado de otro término afín, *tsedaqah* (צְדָקָה), que se traduce como derecho, rectitud o justicia. Estos dos "son los términos más frecuentemente usados para caracterizar lo que se espera de una comunidad que ha hecho un pacto con Dios" (Birch, 1991: 177). Por ello, el texto de Miqueas 6.8 dice: "Te ha mostrado, hombre, lo que es bueno, y lo que pide el Señor de ti: hacer justicia, amar la misericordia y caminar humildemente con tu Dios".

Por su importancia para la teología y la fe, la dupla justicia y derecho como fundamento del trono de Dios y expectativa de los creyentes, constituye uno de los motivos más importantes para la alabanza que le rinde a Dios su pueblo. Los creyentes, por su parte, están llamados a ser imitadores de Dios en la práctica de la justicia y el derecho, cada quien desde la posición que ocupe en la sociedad. Ningún creyente tiene que esperar a ser elegido en un cargo público para empezar a practicarlos.

La justicia y el derecho no están entonces limitados a las actividades de los jueces y los juzgados. Es una especie de cultura del buen trato que ocurre en el contexto de todas las relaciones en una sociedad. Pero no existe sola; con mucha frecuencia va acompañada de *jésed* (חֶסֶד), traducido como "misericordia", "gracia" o "amor". Si dejáramos todo en términos de "lo justo", estaríamos limitados a la práctica de la ley del talión y a la supervivencia de los más aprovechados, como ocurre en la realidad. Además, "lo justo" es poco justo cuando no se considera a la luz de la historia.

Así, entonces, cualquier teología anticorrupción que pretendamos formular debe empezar por la justicia, en su sentido más amplio, porque es el concepto esencial que sostiene las relaciones humanas en todos los planos. La corrupción es una expresión de la ausencia de la justicia y el derecho, cuyas consecuencias son la desigualdad, la pobreza, la violencia y el atraso.

La expresión "justicia y derecho" (heb. *mišpāṭ ûṣəḏāqâ*) aparece unas cincuenta veces en el Antiguo Testamento desde Génesis hasta Miqueas. Acompañada del verbo "practicar" (o hacer) figura unas 34 veces. Entrando en detalles, Moshe Weinfeld ha demostrado que la expresión "justicia y derecho" es parte de una familia de términos que pertenecen al campo de la justicia social, no simplemente de las leyes y los juzgados; así lo muestran la literatura bíblica y la del Medio Oriente antiguo. En el Antiguo Testamento se trata de una "marca del carácter otorgado por Dios al rey", como lo dice el Salmo 72. Según varios textos bíblicos (Is 16.5; 9.6; Jer 9.23; Os 2.21; 12.7; Mi 6.8 Sal 33.15; 89.15; Pr 20.28), la justicia y el derecho, junto con la misericordia y la bondad "se consideran un ideal social". Mientras que la palabra *mišpāṭ* indica lo que es justo, *tsedeq* "se refiere al principio abstracto de la rectitud, al tiempo que *tsedaqah* indica el hecho concreto", es decir, el hecho según el derecho. La idea de estos dos términos juntos no es la aplicación de la justicia y derecho a rajatabla, ya que están asociados a actos de bondad, no como cuestiones adicionales o aparte, sino como si fueran parte de la justicia y el derecho. Por eso en la Biblia, la práctica de la justicia y el derecho incluye la preocupación por los pobres y acciones concretas para velar por sus necesidades. En otras palabras, se considera que existe la justicia y el derecho cuando se trabaja de manera sostenida en el mejoramiento de la vida de los pobres y los marginados en la sociedad, cuando se cierra la brecha rico-pobre. El concepto se amplía todavía más cuando vemos que en Malaquías 2.6, el derecho también incluye la instrucción en el buen camino (Weinfeld, 1992: 230–36). No es, por tanto, coincidencia que los países en donde hay menos desigualdad sean los mismos en los cuales existe menos corrupción, y que aquellos en donde hay más desigualdad sean los mismos en los cuales existe más corrupción.

Weinfeld sostiene que la presencia de los términos justicia y derecho en los salmos demuestra que su uso no se limita al plano judicial: "Al contario, el concepto se refiere principalmente al mejoramiento de las condiciones del pobre, lo cual indudablemente se logra por medio de reglamentaciones emanadas por el rey y sus ministros, y no con el ofrecimiento de asistencia legal al pobre en los litigios con su opresor". De hecho, la pareja *mishpat* y *tsedaqah* "implícitamente se refiere también a bondad y misericordia". Muy claramente se ve en algunos paralelismos (Sal 33.5; 89.15; 101.1; Jer 9.23; Mi 6.8; Os 2.21; 12.7). "Por lo tanto, debemos concluir que la palabra משפט [*mišpāṭ*], y especialmente la frase משפט וצדקה [*mišpāṭ ûṣədāqâ*] no se refiere a la ejecución debida de la justicia, sino que más bien expresa, en un sentido general, la justicia social y la igualdad, lo cual está ligado a la bondad y la misericordia. El famoso texto de Miqueas confirma que se refiere a acciones de justicia social, que no se limita a jueces en procesos judiciales. De hecho, ni siquiera se refiere principalmente a eso, sino a relaciones comerciales y transacciones entre individuos (Is 5.7–8; 10.1–2; Am 4.1; 5.11; 8.5–6). Visto desde esta perspectiva más amplia, torcer la justicia no es cuestión del sistema judicial, sino la práctica de leyes y costumbres injustas" (Weinfeld, 1992: 237–39). Decir que el fundamento del trono de Dios es la justicia y el derecho, significa entonces que el objetivo de Dios en el mundo es el establecimiento de la justicia y la equidad, es decir, la lucha contra la injusticia y la opresión social.

A la luz de lo anterior, es necesario ampliar nuestra perspectiva con respecto a la idea de la justicia como fundamento del trono de Dios y de las acciones humanas, especialmente las de los gobernantes: "... cuando los profetas se refieren a *mishpat* y *tsedaqah* no están diciendo solamente que los jueces deben juzgar con precisión. Se refieren primero que todo a que los funcionarios y terratenientes deben actuar en favor del pobre", ya que "la justicia y el derecho no es un concepto que pertenezca al jurado solamente, sino que es mucho más relevante para los líderes políticos y sociales que crean las leyes y se encargan de su ejecución" (Weinfeld, 1992: 245–46). El equivalente actual de los terratenientes es más amplio; se refiere a todos los empleadores, incluyendo a los dueños de los medios de producción en general, gerentes de empresas y, por supuesto, a los terratenientes que siguen existiendo.

Entendido así el concepto de justicia y derecho, no sorprende las repetidas descripciones de Dios a favor de los desvalidos y marginados, y las leyes que apuntan en esa dirección. Dios figura como Padre de los huérfanos y defensor de las viudas; Dios es quien prepara un hogar para los solitarios, quien conduce a los cautivos a la prosperidad (Sal 68.6–7).

De la misma manera, el Señor examina al justo y odia al que ama la violencia (Sal 11.5–7). Esto último puede sonar fuerte, pero si la justicia y el derecho con que Dios ama y defiende no tienen una contraparte donde se expresa el aborrecimiento y castigo de la injusticia y la violación del derecho, entonces no habría forma de tomar a Dios en serio. Las dos cosas son inseparables, como bien lo muestra el Salmo 11. Además, debemos recordar que los contextos donde están ausentes la justicia y el derecho son de por sí violentos, y quienes perpetúan esta situación normalmente no están dispuestos a abandonar sus prácticas por medios pacíficos.

Si bien no estamos haciendo aquí un llamado a las armas, vale la pena recordar la teoría de Walter Scheidel con respecto a las tres formas como históricamente se ha acabado la desigualdad económica y social en el mundo: desastres naturales catastróficos, colapso del Estado y guerras devastadoras (Scheidel, 2017). ¿No es esto lo que propone Oseas al hablar de la destrucción de la economía, el liderazgo y las instituciones? Uno de los ejemplos claros que propone Sheidel en cuanto al fin de la desigualdad y la práctica de la justicia social es Japón. Hace menos de cien años, era uno de los países más desiguales del mundo. Hoy es una potencia económica con un índice Gini envidiable. La injusticia social, entonces, normalmente no se resuelve con diálogo. Esto, insistimos, no es un llamado a las armas ni a la anarquía. El llamado para los creyentes sigue igual, practicar la justicia y el derecho sazonados con el amor y la misericordia. No es un llamado a desterrar completamente de una nación la injusticia y la desigualdad. Es como los médicos, algunos curan a los pacientes otros investigan para descubrir y producir medicinas que curen enfermedades. Su tarea no es hacer desaparecer la enfermedad de una vez y para siempre. Ahora veamos qué responsabilidades le impone al pueblo de Dios el hecho de que el trono de Dios se fundamenta en la justicia y el derecho.

El fundamento de la ética del pueblo de Dios

Toda teología es contextual. Es decir, hacemos teología desde y para situaciones específicas, nunca en el vacío. Por ello, no hay teología genérica, ni siquiera la sistemática. La Biblia misma es ejemplo de ello. Así, pues, a la hora de hacer teología, no hablamos de "principios y valores", sino de teología contextual, la teología que se formula desde y para realidades concretas, la teología que tiene sentido en situaciones específicas.

Lo anterior supone que el teólogo a la hora de hacer teología decide dónde está parado, desde dónde habla o, como se dice en círculos académicos, cuál es su *locus theologicus*, *Sitz im Leben*, o contexto vital. Está visto que es posible para un teólogo ignorar los problemas sociales graves que lo rodean y seleccionar algún tema de su interés particular para tomarlo como caballito de batalla. La lección que nos dejan las teologías latinoamericanas es que los problemas más graves a los que la teología debe referirse tienen que ver con la pobreza, la injusticia y la opresión; es decir, los que resultan de la ausencia de la justicia y el derecho. Hoy se identifica la corrupción como una expresión y quizá la causa de los principales males de nuestros países, pero históricamente se ha buscado la forma de responsabilizar de ello a otros hechos. En la Colombia del último medio siglo ha sido costumbre echarles a las guerrillas la culpa del atraso, la pobreza y la violencia. Sin embargo, hoy, casi sin guerrilla, nos damos cuenta de que la mayoría de los problemas siguen iguales, por causa de la corrupción, la desigualdad y, en general, la ausencia de la justicia y el derecho, es decir, de justicia social.

En consecuencia, el teólogo y el predicador latinoamericano están bíblica, histórica y moralmente obligados a hablar de estos temas, no como una obsesión ni con el ánimo de ganar enemigos, sino como resultado de la fidelidad a la palabra de Dios y al contexto donde anunciamos el evangelio. Si hacemos teología desde un contexto de corrupción, ¿por qué el tema no es prominente en los púlpitos ni en nuestros libros de teología? Oseas y los demás profetas nos dan ejemplos abundantes de lo que significa predicación contextual.

Siguiendo el modelo de Atiencia, proponemos aquí unas bases teológicas para la ética cristiana que se pueden traducir en acciones que van en contravía de la cultura y la corrupción. Además de las campañas y las marchas, los cristianos necesitamos ser movidos a la acción permanente y coherente en los caminos del reino de Dios, más allá y por encima del fervor que producen las coyunturas políticas y sociales del momento.

El llamado de Dios a su pueblo es, desde el principio, *sean santos porque yo soy santo* (Lv 11.45). Esto claramente indica que el creyente está llamado a imitar a Dios; de modo que, si el fundamento del trono del Señor es la justicia y el derecho, el de nuestra conducta no puede ser la falsedad y la trampa. Un error que se comete comúnmente en este tema es reducir la santidad a cuestiones de culto y devoción personal. Sin necesidad de entrar en todas las posibles definiciones e implicaciones del término, basta con decir lo más elemental: que santidad significa ser limpio y puro, lo cual tiene consecuencias tanto litúrgicas como éticas (Birch, 1984: 148–51). Una de las labores fundamentales de los profetas bíblicos fue precisamente hacer notar la hipocresía de quienes pretendían reducir la fe al culto comunitario y la piedad individual.

La práctica de la justicia y el derecho

Las acciones de Jezabel y Acab contra Nabot son condenadas de manera inequívoca por los profetas porque muestran exactamente lo contrario de lo que se entiende por justicia y derecho. La expresión bíblica se refiere a la justicia social, especialmente a la preocupación y atención a las personas más vulnerables de la sociedad. La ironía más grande en el caso de la viña de Nabot es que el responsable de dar tierras a los campesinos para trabajarlas, así como de protegerlos y defenderlos de los depredadores económicos, es precisamente el depredador que les quita sus terrenos. Suponemos que la historia de Nabot es una muestra de lo que se tenía por costumbre.

La manera como actuaron Jezabel y Acab muestra, además, la forma tan grosera de utilizar la fe para enmascarar delitos. Contrario a esto, y quizá para desincentivar la hipocresía, en la piedad bíblica encontramos ejemplos de lo que al creyente se le invita a decir en el culto, en presencia de Dios; se lo exhorta a declarar su inocencia diciendo *practico la justicia y el derecho* (Sal 26; 119.121). La costumbre de hacer afirmaciones de esta naturaleza tiene su paralelo en Deuteronomio 26, donde se invita al creyente a *entrar por sus puertas con praxis*.

El último tipo de suelo en la parábola del sembrador es "la buena tierra"; se refiere a los que guardan la palabra de Dios *con corazón bueno y recto y dan fruto con perseverancia* (Lc 8.15). Si no ponemos límites caprichosos a los frutos, podemos suponer que en éstos está incluida la conducta ética, especialmente en una sociedad corrupta, donde tal conducta resulta más difícil.

En vista de que en la sociedad no existe igualdad y que ciertos sectores tienen pocos recursos para hacer valer sus derechos, la Biblia hace algunas distinciones importantes. Al igual que Weinfeld, Birch afirma que "la justicia y el derecho de Dios se manifiestan especialmente en el cuidado de los pobres, el hambriento, la viuda, el huérfano, el oprimido, el angustiado, el afligido". Además de la imitación del Señor como principio bíblico para la ética del pueblo de Dios, Birch señala que este tipo de mandamientos van acompañados de una razón o argumento. En el caso de Israel, se manda a cuidar a las personas vulnerables por causa de "la memoria de su propia experiencia en Egipto y la misericordia de Dios en la liberación" (Birch, 1991: 156–61).

La medida del buen gobernante

Tenemos tantas elecciones en nuestros países y se escuchan a diario tantos casos de corrupción que el tema de los gobernantes es de reflexión obligatoria y permanente. Si el fundamento del trono de Dios es la justicia y el derecho, y si los gobernantes son puestos por Él para que en la tierra se cumpla su voluntad, es decir, practicar la justicia y el derecho, entonces la medida del gobernante y del funcionario público será cuánto practica la justicia y el derecho en lo que se le ha encargado administrar. De hecho, esta medida del gobernante y del funcionario aparece muchas veces a lo largo de la historia y la literatura del antiguo Israel. Esto es instructivo para los creyentes porque, como seres humanos que somos, tendemos a juzgar a los gobernantes por las emociones y las afiliaciones, y no por la historia y la verdad.

El profeta Jeremías, por ejemplo, anticipa la venida de un gobernante que sea imitador del Dios al que sirve: "Vienen días —dice el Señor— cuando haré brotar de David un retoño justo". Reinará un rey prudente que practicará la justicia y el derecho (Jer 23.5). Ésa es la medida de nuestro juicio a los gobernantes y políticos a la hora de votar.

Una consecuencia inmediata de tener un gobernante dedicado a la búsqueda de la justicia social como prioridad innegociable de su gestión es el incremento de la seguridad y la posibilidad de que cada uno viva en tierra propia (Jer 23.6, 8). Es posible que el número de policías y vigilantes en un país sea inversamente proporcional a la práctica de la justicia y el derecho. Lo mismo se podría afirmar de la posesión de la tierra: cuántos más terratenientes y concentración de riqueza en pocas manos, menos justicia y derecho habrá en una nación. La discusión económica desde la perspectiva bíblica tiene que empezar por el reconocimiento de estas realidades. Reformas van y vienen, leyes y decretos se firman a toda hora, pero mientras estas desproporciones no cambien, las reformas no llegarán a ninguna parte, especialmente si los encargados de crearlas y de hacerlas cumplir son los mismos dueños de la tierra y los medios de producción o sus servidores incondicionales. Nadie va a querer cortar la rama del árbol donde está montado. Si bien incluir estos temas en discusiones teológicas y hasta en el culto (como lo hace la Biblia) por sí solo no va a cambiar ningún país, por lo menos puede ayudar a los cristianos a no unirse a las campañas de los viudos del poder que salen a llorar su luto en épocas electorales y, cual Absalón, a decir que si ellos fueran los gobernantes el país sería un paraíso (2S 15.1–6). Pero, a pesar de la antigüedad de esta estrategia engañosa, los políticos la siguen usando y la gente les sigue creyendo. Veamos, entonces, brevemente, cuál es el ideal bíblico del gobernante en tres pasajes de la Escritura.

Salmo 72

La tendencia de los seres humanos a la parcialidad y la costumbre de etiquetar a los demás según estereotipos nos impide ver bien las cosas y a las otras personas. Asimismo, como algunos temas bíblicos han sido tradicionalmente defendidos por ciertas corrientes teológicas, tan pronto como alguien toca uno de ellos, inmediatamente lo clasificamos en tal o cual corriente. Todas estas aclaraciones se hacen solamente para decir que por el hecho de que alguna teología se concentre en un asunto bíblico específico, no hace que el asunto deje de ser bíblico, ni los convierte en seguidores de estas teologías a todos los que se refieren al asunto. Los temas más conocidos en las teologías de América Latina probablemente son la liberación de los oprimidos y la opción preferencial por los pobres. Si bien han sido las teologías de la liberación las que han puesto estos temas en el centro de su discurso teológico, se debe reconocer que también son centrales en la Biblia (Wright, 1996: 168). Se necesita estar muy trastornado ideológica y teológicamente para no reconocerlo.

Así como el fundamento del trono de Dios es la justicia y el derecho, también lo es para los gobernantes, a quienes el Señor ha puesto precisamente para que hagan cumplir su voluntad en la tierra. Eso es justamente lo que pide la oración del Salmo 72: que el gobernante reciba de Dios la capacidad para gobernar al pueblo con justicia. La forma específica que toma esa justicia en esta oración es que el rey "hará justicia a los humildes del pueblo, salvará a los hijos de los pobres, y aplastará al opresor" (vv. 1–4, 12–13–16; cp. Sal 45.6–7). Si un gobernante no se dedica a esto, sino que, por el contrario, ocupa todo su músculo político para favorecer a los ricos, automáticamente se convierte en enemigo del pueblo y de Dios. Populismo aparte, siempre hay que preguntarse a quién defiende un gobernante con sus políticas y programas de gobierno. Según este salmo, el resultado del gobierno justo es la paz (v. 7). Se podría decir también lo contrario: que la ausencia de la paz es fruto de una tradición sostenida de gobiernos dedicados a promover y mantener la injusticia. No importa lo que digan, si hubo influencia internacional o no, o si suena simplista, de todos modos, se mantiene que la injusticia social conduce a la violencia y que la violencia y la desigualdad son fruto de la mala gestión de los gobernantes.

Una de las razones que el Salmo 72 señala como relación entre la justicia y la paz es el alimento (v. 16). Se toma aquí el alimento bien distribuido como indicación inequívoca de la economía administrada para el beneficio de todos. Cuando hay equidad en la distribución de la riqueza es más factible que haya paz. En esto todos deberíamos estar de acuerdo para trabajar, elegir y exigir.

Lucas 4

Si Jesús es el retoño que Dios hizo brotar —ese rey prudente que practicó la justicia y el derecho— y nosotros, los cristianos, somos sus seguidores, se deduce que una ocupación central en nuestra vida es la práctica de la justicia y el derecho, lo cual muestra que de hecho el reino de Dios ha llegado. ¿Habrá evidencia más importante que la justicia y el derecho para mostrar la venida del reino de Dios? Esto no quiere decir —vale la pena aclarar, sobre todo en épocas electorales— que quienes denuncian la injusticia y la falta del derecho sean los verdaderos defensores y representantes del reino de Dios, especialmente si se trata de los políticos que no están en el poder porque fueron derrotados en las elecciones anteriores. La historia de Absalón viene otra vez a la mente.

La famosa escena de Jesús leyendo el rollo de Isaías (Lv 25.10; Is 61.1–2; Mt 11.5) es una muestra de lo que significa concretamente practicar la justicia y el derecho, y de paso nos da una definición del evangelio, de lo que significa evangelizar y la consecuencia de tener el Espíritu de Dios: anunciar el evangelio a los pobres, proclamar la libertad a los cautivos, dar la vista a los ciegos, poner en libertad a los oprimidos, proclamar el año favorable del Señor (Lc 4.16–22). Aquí está una definición bíblica de la salvación y una lista de lo que necesitamos ser salvos (Acosta, 2017). Si la iglesia no se dedica a lo que se dedicó su maestro, ¿cómo puede decir que lo sigue? Si bien su misión no se puede reducir a un versículo ni a dos, también es cierto que existen textos fundamentales, como este de Lucas, que tienen una trayectoria en la Biblia y de los cuales se desprende lo demás: las añadiduras. Una cosa son las penas del alma de Lutero (con lo de la justificación por la fe) y otra muy distinta la esencia del evangelio, que Lutero entendió bien. Así, pues, la medida del buen gobernante termina siendo la medida tanto de la iglesia como de los creyentes en el mundo: la práctica de la justicia y el derecho en todas las relaciones. No debemos confundir marchar contra la ausencia de la práctica de la justicia y el derecho, con practicar la justicia y el derecho.

Romanos 13

Este texto afirma por lo menos tres cosas fundamentales: 1) que la autoridad terrenal viene de Dios, 2) que el aparato estatal se sostiene de los impuestos, y 3) que existe "para hacer justicia y castigar al que obra mal". Por eso, el ciudadano se somete a ella sin temor. Sin embargo, sabemos que ese ideal no siempre ocurre y que este texto específico deja por fuera lo que sucede en muchos casos: que la autoridad corrupta se roba el dinero de los impuestos y deja impune tales delitos. Siendo que la corrupción de las autoridades es tan común, sorprende que el texto deje el asunto sin tratar. Sin embargo, la vida de Jesús, de Pablo, de los apóstoles, los primeros cristianos y tantos más a lo largo de la historia muestran hasta la saciedad que esta exhortación de Pablo tiene innumerables excepciones.

La aplicación de la Biblia en la sociedad

El tercer asunto que nos interesa tratar en este capítulo, y al que dedicaremos más espacio, es un intento por responder a esta pregunta: ¿cómo se relaciona la lucha contra la corrupción con la misión de Dios en el mundo? Nunca debemos olvidar que el mensaje de Oseas está dirigido al pueblo de Dios, a los creyentes, a los que no faltan al culto, a los que cantan, diezman y ofrendan. La aplicación de este mensaje en el resto de la sociedad se basa en una reflexión que hacemos sobre la enseñanza bíblica específica para la sociedad, independiente de sus creencias. Lo hacemos porque se fundamenta en la búsqueda del bien común y en el hecho de que muchas de las enseñanzas del derecho reflejadas en las constituciones de nuestros países, si bien no son copiadas de la Biblia, son, en esencia, las mismas.

En consecuencia, antes de aplicarle a la sociedad la enseñanza bíblica sobre la corrupción, los cristianos debemos plantear nuestro acercamiento en otro orden: primero pensamos en la corrupción dentro del pueblo de Dios; segundo, cómo se relaciona el pueblo de Dios con la corrupción que reina en la sociedad y, apenas en tercer lugar, pensamos en el mensaje de la iglesia a la sociedad sobre la corrupción. Hacer esta tarea en otro orden le impone serias limitaciones a la autoridad de nuestro discurso.

Los estudiantes de la Biblia y los predicadores de su mensaje frecuentemente enfrentamos dificultades al tratar de determinar qué enseñanzas de la Biblia se pueden aplicar a toda la sociedad y de qué manera. La mayoría de los países de América Latina nos definimos como Estados seculares regidos por constituciones que de entrada prohíben el favorecimiento a credo religioso alguno. Sin embargo, eso no quiere decir que los cristianos no tengan nada que hacer ni qué decir; tampoco significa que la larga historia de la cercanía de la Iglesia Católica romana con los poderes vaya a desaparecer con un artículo de constitución nacional alguna.

La sociedad secular y pluralista

La secularización en América Latina ha significado un proceso largo y sostenido mediante el cual los Estados, a diferente ritmo, pero de manera continuada, se han independizado en mayor o menor grado del poder y la influencia de la Iglesia Católica romana. En algunos países todavía queda mucho de la cultura donde la presencia, la influencia y el poder dista de reflejar la constitución. La realidad es que quinientos años de historia no los va a cambiar un renglón en una constitución.

Una ironía muy grande en este tema es que algunas iniciativas propuestas por cristianos evangélicos pretenden tomar el poder que la Iglesia Católica tuvo alguna vez, cosa que parece ignorar la historia y el momento actual de nuestras sociedades. Nos guste o no, vivimos en estados seculares y pluralistas en la mayoría de los países latinoamericanos. Como hemos dicho, todo será en mayor o menor grado de un país a otro.

Lo anterior significa, en teoría, que no se pueden argumentar cambios ni leyes para la sociedad en general a nombre de ningún credo religioso ni citando sagradas escrituras. La práctica de la religión pasa al plano privado. Sin embargo, desde la perspectiva cristiana todo es teológico, incluyendo la negación y el rechazo de Dios.

Desafortunadamente no existe consenso en las definiciones de ética y moral. Algunos dirán que la ética se refiere al comportamiento humano ideal visto desde la filosofía, y la moral a lo mismo pero visto desde la teología. Un punto de partida en la discusión de este tema es que no existe una ética universal absoluta en la que todos estemos de acuerdo. Además, sabemos que, si existiera, no se cumpliría. Lo máximo a que se puede aspirar es a un "mínimo moral común aceptado por el conjunto de una determinada sociedad dentro del legítimo pluralismo moral" (Múnera, 2015: 47).

En su libro *Victoria sobre la corrupción*, Jorge Atiencia demuestra por medio de una serie de ejemplos que es el creyente quien debe tomar una decisión consciente respecto de su conducta frente a la corrupción. No se trata solamente de no participar en actos corruptos, sino de emprender acciones personales de lucha contra la corrupción. Pero la lucha contra ésta no se refiere solamente a la denuncia clásica a través de los medios de comunicación, sino de la denuncia por medio de obras que contribuyen a la restauración de la sociedad; obras que invitan a la reflexión; obras que comunican a la sociedad que hay un camino mejor: el de hacer el bien sin esperar reconocimiento ni retribución.

Es importante reconocer que lo que permite a los cristianos participar activamente en una sociedad pluralista es precisamente eso: el pluralismo. Lo que afirma un autor refiriéndose a los católicos se aplica también a los cristianos evangélicos: "… tenemos pleno derecho a presentar a la sociedad nuestras propuestas de Ética pública estructural en términos críticos de lo existente y propositivos de lo que consideramos mejor para el bien común, según nuestras convicciones religiosas" (Múnera, 2015: 48).

Lo anterior tiene varias implicaciones importantes para la participación de los cristianos en una sociedad pluralista. Lo primero es no improvisar. Antes de estar pensando en el poder político, a los cristianos evangélicos nos hace falta crear grupos y asociaciones de pensadores sobre economía, salud, educación, sociedad, familia y demás temas fundamentales. Algunos pretenden saltar del púlpito a la casa presidencial. En general, no tenemos teoría ni teología que dirijan nuestras acciones. No podemos ser tan ingenuos y seguir pensando que porque leemos la Biblia ya estamos capacitados para gobernar un país. El pensamiento político se construye y se madura a lo largo del tiempo; se debate en foros entre pares; se somete a la evaluación académica; y se prueba en la realidad. Algunos pretenden empezar por esto último y ya vemos por qué les va tan mal como estadistas. Se puede empezar aprendiendo de las reflexiones ya hechas en otros países latinoamericanos (p. ej., López, 1998, 2000).

En segundo lugar, de lo anterior se desprende que nuestro ejercicio ciudadano debe ser crítico y propositivo. Por lo general, un debate sobre un tema específico tiene mayor altura cuando se discute en el plano de las ideas, no a partir de la pregunta de si la persona tiene el espíritu de Dios o no. Es necesario hablar en un lenguaje que se entienda y a partir del dominio de los temas que se tratan. Es lamentable ver la escena donde cristianos, de muy buena voluntad, quedan en ridículo por meterse en debates de derecho constitucional que les son desconocidos. Igualmente, da gusto ver a cristianos duchos en estas lides capaces de debatir con altura.

Y tercero, una meta importante de la participación de los cristianos en la sociedad es el bien común, no la búsqueda de prebendas para las iglesias evangélicas. Esta meta de entrada elimina las posibilidades de la corrupción. Por otro lado, indica que a los cristianos les interesa el bien de la sociedad como un organismo complejo y diverso. La idea no es que "los ciudadanos como tales tengan que someterse a nuestra perspectiva religiosa, sino porque en abstracto, seguramente nuestro propio horizonte tampoco los admite como aceptables" (Múnera, 2015: 48). Algunas decisiones, leyes y conductas nos las tenemos que aguantar porque es precisamente el pluralismo lo que nos permite existir en la sociedad pluralista.

Arnoldo Wiens (1998) propone una lista de ideas útiles para luchar contra la corrupción:

1. Revalorizar la función de la comunidad alternativa como "sal y luz", de manera análoga a la propuesta de Transparencia Internacional de formar islas de integridad en la lucha contra la corrupción.
2. Participar activamente en la actividad política con el fin de luchar por cambios estructurales en la sociedad latinoamericana.
3. Velar constantemente por la transparencia interna y purificación de la comunidad cristiana y de las instituciones eclesiásticas y paraeclesiásticas.
4. Enfatizar de manera prioritaria en el discipulado la conducta y la lucha contra la corrupción.
5. Apoyar todos los esfuerzos, sean cristianos o no, que se dediquen a la lucha contra la corrupción.

Fundamental en estas propuestas es la necesidad que existe entre los cristianos evangélicos de crear conciencia, de ser intencionales, sistemáticos y permanentes en la lucha contra la corrupción. Cada comunidad de creyentes deberá preguntarse cómo se crea en su caso específico conciencia de la importancia del problema de la corrupción y de qué maneras podemos ser intencionales en la lucha contra la corrupción. El salmo que examinaremos más adelante puede ser útil para estas reflexiones.

No creo, como dice Wiens (1998: 120), que la diferencia entre el Imperio romano y América Latina sea que el primero tenía abundantes hechos de corrupción, mientras que el segundo se compone de "Estados corruptos". Aunque eso no explica bien por qué Pablo no intentó cambiar las estructuras sociales y políticas en su época, sí tiene razón Wiens al afirmar que, en América Latina, contrariamente a lo que normalmente se predica, no es suficiente "con cambiar individuos, sino que se debe apuntar también a las estructuras" (Wiens, 1998: 122). Está demostrado que las conversiones, así sean por los miles y los millones, poco o nada han hecho para cambiar los problemas más graves que aquejan a nuestros países.

La dura realidad del creyente

Atiencia afirma que a muchos cristianos nos hace falta interiorizar la majestad de Jesucristo y la gloria de su reino, de tal modo que hay quienes no tienen reparo alguno en abandonar la ética cristiana con tal de obtener cualquier beneficio pasajero como la fama y la fortuna: "Una de las razones por las cuales la vida se ha vuelto tan liviana y superficial es que se ha quedado sin peso de gloria" (Atiencia, 1998: 36). Eso es cierto e incontrovertible. Sin embargo, aunque estemos de acuerdo en la gravedad del asunto y en la enseñanza bíblica sobre el tema, también es importante notar que la Escritura reconoce cuán difícil les resulta a veces resistir incluso a quienes tienen clara la teología y la ética.

Salmo 73: Casi me caigo

Tres textos bíblicos que expresan lo dura que es la lucha del creyente contra la corrupción circundante tanto en lo teológico como en lo práctico, son los Salmos 10, 39 y 73. Se presenta en ellos la situación de un creyente fiel y cumplidor de la Palabra de Dios al que le va muy mal, al tiempo que a los impíos a su alrededor les va de maravilla, son prósperos y viven en paz; ni siquiera se enferman, como uno esperaría, por lo que en ocasiones quisiéramos que por lo menos les diera algo. La gracia de estos salmos, especialmente el 73, es que este creyente logra sobrevivir y permanece fiel, sin corromperse.

La metáfora que utiliza el poeta en el Salmo 73 es la misma que usamos en español: resbalar y caer (v. 2). No llega a ocurrirle, pero "por poco" sucede, "no faltó nada"; es decir, "se salva por un pelo". Ya que el mismo salmo nos sirve la imagen en bandeja, bien vale la pena preguntarnos cómo se puede evitar una caída. Una caída se puede evitar de varias maneras si uno es liviano y está en forma, o si al estirar la mano encuentra de dónde agarrarse, o si alguien lo sostiene y no lo deja caer. En el caso del salmista, ¿por qué no cayó?, ¿qué lo salvó? La respuesta la da el mismo salmo en la segunda parte: la dignidad, la reflexión y la teología.

Es posible que este salmo tenga un elemento de molestia y hasta rabia en la descripción que hace de los impíos. Si no, por lo menos es sarcástico, puesto que incluye palabras elogiosas hacia el grupo que desprecia: sanos, de buena contextura, no sufren congojas ni tribulaciones, andan campantes y sonrientes (vv. 4, 8). Quizá la diferencia entre los sentimientos que expresa este salmo y los nuestros radica en que para nosotros son un asunto privado, mientras que en el salmo se hace público, es parte del culto, todos lo pueden decir. Un problema nuestro con estas expresiones que podríamos llamar "piedad rabiosa", además de no tener una cara pública, es que en público decimos que nos regimos por la piedad del amor, la que enseñó Jesús, la de poner la otra mejilla y de "Padre perdónalos porque no saben lo que hacen". pero el resultado para muchos es una piedad esquizofrénica que por dentro expresa lo que sienten y por fuera lo que los demás quieren ver y oír. Quizá el problema de nuestra piedad de disfraz que no logra reconciliar el sentimiento del creyente con la expectativa de los correligionarios radica en la incapacidad de reconciliar o mantener en tensión la teología de la justicia con la del amor.

El sentimiento de desprecio e indignación en el salmo es más claro y se expresa poéticamente: *la violencia es el vestido que los cubre, la malicia les cunde de la grasa, corazón desbordado de artimañas, su lengua se pasea por la tierra, se enorgullecen de hablar de su violencia* (vv. 6–9). El desprecio por estas personas no es difícil de percibir, pero desconocemos su identidad.

¿Por qué no dice quiénes son exactamente? No podemos convertir un salmo como este en norma para la conducta de todos los creyentes en todas las situaciones de todos los tiempos en todas partes del mundo. Sin embargo, es posible afirmar, por lo menos, que no siempre es necesario ni conveniente decir nombres, especialmente cuando se sobreentiende, cuando es evidente, cuando todos saben de quién(es) estamos hablando, en especial cuando la denuncia específica representa una sentencia de muerte, la cual puede ser para algunos, pero no siempre para todos. Lo más importante para este salmo tal vez es crear conciencia de tres realidades: la existencia de la corrupción en la sociedad, la fragilidad del creyente y la posibilidad real de resistir, de no caer.

Las diferencias en la traducción del versículo 10 en las versiones dan cuenta de las serias dificultades para ello y la lectura que presenta el texto hebreo de este versículo.

- *Por eso los siguen sus secuaces y se abrevan de ellos copiosamente* (Biblia del Peregrino, BP)
- *Por eso el pueblo de Dios vuelve a este lugar, y beben las aguas de la abundancia* (La Biblia de las Américas, LBLA)
- *Por eso la gente los alaba y no encuentra ninguna falta en ellos* (Dios Habla Hoy, DHH)

Aunque "la explicación de este verso no pasa de conjeturas" (Schökel y Carniti, 1993: 969), lo que dijo Kidner de este versículo hace algunas décadas sigue siendo cierto: "Las enmiendas del hebreo son relativamente pequeñas, y la mayoría de las versiones modernas interpretan aquí una referencia a la actitud popular de venerar el éxito" (Kidner, 1991: 281). En otras palabras, como ocurre hoy, la gente no mira el camino de maldad por el que se obtiene el éxito, sino los beneficios de estar allí. Eso causa admiración y es reflejo de la cultura de la corrupción. En mentes un poco más degeneradas, por ejemplo, además se admira a los mafiosos por la capacidad que tuvieron de burlar a las autoridades.

La idea de la popularidad de los exitosos no es única en este salmo, como tampoco lo es el reclamo que le hacen a Dios los piadosos cuando ven que la teología que con fervor y dedicación han abrazado no cuadra con la realidad. La primera parte del Salmo 10 está dedicada a la descripción de esta realidad, como la percibe el creyente. A partir del versículo 11 se inicia la petición, la cual suponemos que refleja la teología. Como modelo de oración es similar a lo que vemos en Hechos 4, cuando los creyentes son perseguidos por predicar el evangelio. En el Salmo 10 no hay duda de que la petición es que Dios termine con esa situación de manera inmediata, lo cual normalmente requiere violencia. Como hemos dicho, por lo general estos individuos no están para diálogos, y aparentemente Dios tampoco. Se supone, además, que el creyente ora desde una condición de indefensión.

¿Cuál es la teología que nutre esta oración? ¿Qué espera el creyente que haga Dios? Como es usual en estas oraciones bíblicas, la salvación que se pide es material. No se trata de peticiones por la salvación del alma ni contra enemigos espirituales (Acosta, 2017). La pregunta del Salmo 11.3 es fundamental: *Si los fundamentos se destruyen, ¿el justo qué hace?*

¿Puede la teología rescatarnos de la corrupción?

Para Atiencia la teología es supremamente importante, especialmente cuando el creyente se encuentra entre la espada y la pared:

> La venida de nuestro Señor Jesucristo es una venida en poder y gloria. Descartarla no es sólo quedar sin un juicio que sancione a la corrupción; es perder mucho más: certeza, esperanza, utopía. Sólo con esta esperanza lo insoportable se vuelve soportable, especialmente si tengo que esperar en circunstancias adversas: cuando la enfermedad no cede, el novio no aparece, lo desviado no se endereza, la reivindicación se demora, la falta de trabajo se prolonga. (Atiencia, 1998: 37)

Por ello, Atiencia sostiene que al creyente le corresponde estar atento a lo que le dice la palabra de Dios, tanto en la esperanza que sostiene en la adversidad como en las acciones de creyente que contribuyen a combatir la adversidad de otros, los que por no tener esperanza están dispuestos a realizar cualquier cosa.

Si la pregunta planteada aquí no es totalmente adecuada, por lo menos podemos preguntar qué función cumple la teología para que los creyentes no participen en actos, transacciones y relaciones corruptas. Ante la difícil pregunta del castigo de los corruptos, Atiencia sigue el texto de 2 Pedro 2.9–10 para afirmar con convicción que el "mal no queda sin castigo. Dios tiene el control final de la historia, y aunque la corrupción y la injusticia parecen triunfar, la victoria es de Jesucristo. El juicio llegará indefectiblemente para los que hoy se rebelan contra Dios" (Atiencia, 1998: 55).

Dos mitos y una realidad

Al pensar en una teología anticorrupción es necesario incluir el tema político, ya que es el primero que viene a la mente cuando pensamos en corrupción y porque algunos creyentes suponen que ésta se acabará en la medida en que haya más conversiones y más gobernantes cristianos.

Qué tan cierto es eso, es lo que intentaremos dilucidar a continuación. Cualquier teología anticorrupción que intentemos formular debe pensarse a partir de la teología en combinación con la realidad. Por ello, es necesario reflexionar aquí sobre un par de mitos desde los cuales se expresan ideas, programas y esperanzas relacionados con política.

Mito 1: La corrupción se acabará si todos se convierten o si el presidente es creyente

El deseo de transformar un país por medio de la ética cristiana es loable para quienes se identifican como cristianos. Sin embargo, la evidencia histórica sugiere que tal cosa no va a ocurrir. "Estados Unidos —dice Hunter— nunca fue, en un sentido teológico serio, una nación cristiana, como tampoco ha sido Occidente una civilización cristiana. Tampoco lo serán en el futuro" (Hunter, 2010: 280). Esto no quiere decir que los cristianos deban abandonar todo proyecto que busque la justicia social. Significa que nuestros objetivos en esas materias deben fundamentarse, no solamente en estudios académicos de la sociedad, sino en el realismo bíblico.

En algunos círculos evangélicos latinoamericanos se creía en una época que la sociedad cambiaría si más gente se convirtiera a Cristo. Por ello, algunos planes y campañas evangelísticos a escala nacional y continental apuntaban precisamente a eso, a la conversión de cada país. Pero las cosas han cambiado; hoy ya no se piensa de la misma manera en todas partes. En las dos últimas décadas, en algunos países se mantiene la intención de cambiar al país, pero ya no tanto por medio de la evangelización y la conversión, sino del ejercicio político de los cristianos. Se cree que, si hay más cristianos en cargos de poder político, cambiará el país. Lo máximo en las aspiraciones de esta línea de pensamiento es que haya un presidente cristiano.

Para empezar a hablar de estos asuntos habría que preguntar si en cada país de América Latina ha existido alguna una identidad cristiana evangélica lo suficientemente común y representativa como para siquiera atrevernos a utilizar la expresión "presidente cristiano" que los represente a todos. No olvidemos que no existe uniformidad en cuando a lo que los cristianos piensan de la política y el ejercicio del poder público. La diversidad abunda a tal grado que hay cristianos a ambos lados del espectro político. Desconocer esto representa un grave error porque se parte de un presupuesto falso: que todos los cristianos piensan lo mismo en el tema de la política.

De todos modos, el error existe y por eso aparece el mito que de allí se desprende. Tanto es así que algunos hasta llegan a considerar que la creación de partidos políticos "cristianos" es una buena forma de llegar al poder para así transformar la sociedad. La historia reciente muestra cuán rápido se asoma la humanidad de estos cristianos y a la postre terminan enemistados, fragmentados y finalmente acabados, aunque cada nuevo grupo que lo intenta piensa que a ellos no les va a ocurrir tal cosa. Pero lo cierto es que en los partidos "cristianos" ocurre lo mismo que en los otros partidos: impera el protagonismo, la agenda personal y el sectarismo. Tal vez la diferencia es que los partidos políticos que no se llaman "cristianos" duran más.

También existen en América Latina los cristianos evangélicos que no están muy interesados en cambiar a nadie, sino principalmente su condición económica, salir de la pobreza, darse unos cuantos lujos. Es posible que en una misma persona habiten tanto el interés en cambiar el país como el deseo de mejorar su situación económica. Pero no nos referimos a casos particulares, sino a tendencias que se pueden constatar en las predicaciones y los discursos de los líderes evangélicos a la hora de las coyunturas políticas, las cuales se pueden evidenciar en los eventos multitudinarios donde los cristianos se hacen presente y ejercen liderazgo. Es muy probable que algunos líderes cristianos en América Latina hayan adoptado el modelo de su contraparte en los Estados Unidos, donde la influencia "más visible" de los cristianos en "la sociedad ha sido en el campo de la política [...] especialmente entre los cristianos conservadores" (Hunter, 2010: 80).

Lo anterior se da en el país del norte por razones claras: "La esperanza que los cristianos conservadores han puesto en la política es bastante asombrosa" (Hunter, 2010: 127). "En esencia, creen que con su participación pueden lograr que la sociedad entera se someta a las normas bíblicas con respecto al matrimonio, la crianza de los hijos, y hasta la forma de hablar". Pero no todos están de acuerdo: "Según los anabautistas [en Los Estados Unidos], esta forma de pensar no es otra cosa que 'el error constantiniano', según el cual la iglesia 'imitó las estructuras sociales de jerarquía y administración' para imponer sus ideas por la fuerza" (Hunter, 2010: 153). Quizá eso del "dominio cristiano" es un deseo que algunos contemplan de manera abierta o encubierta, pero no es posible ni tampoco deseable. Sin embargo, como ocurre en los Estados Unidos, muchos cristianos no se dan cuenta de que su papel principal finalmente es ayudar con sus votos a promover las agendas políticas de otros que saben qué vocabulario usar para ganar el voto de los cristianos.

Un asunto de la política en el que los cristianos no siempre pensamos es qué otros asuntos fundamentales estamos negociando cuando nos identificamos con un político que simpatiza con alguna de nuestras causas. Por ejemplo, cuáles son los modelos económicos que defienden los políticos con los que comulgamos porque estamos de acuerdo con ellos en temas de familia. Poca utilidad tiene defender la familia con modelos económicos que por otro lado la destruyen. Nuevamente, desde la perspectiva de los anabautistas en los Estados Unidos, el "problema actual de la iglesia en Los Estados Unidos es que está atrapada en una doble alianza, a Cristo y a la economía política de la democracia liberal y el capitalismo consumista" (Hunter, 2010: 155).

Vale la pena entonces recordar a Yoder, quien sostuvo que afirmar el señorío de Cristo "no es una afirmación sobre la piedad interior o el intelecto o las ideas, sino sobre la naturaleza y estructura del cosmos" (Hunter, 2010: 156), lo cual incluye los modelos económicos que nos rigen. A esto se refiere también Atiencia cuando habla de la gloria de Cristo cuyas implicaciones nos ha hecho falta dimensionar.

Los cristianos que tienen algún grado de conciencia ética no se dan por vencidos ante el panorama de violencia, injusticia y corrupción que los rodea. Movidos por sus convicciones de fe, muchos creyentes trabajan por la construcción de un futuro mejor. Algunos utilizan sus posiciones de liderazgo y los recursos de que disponen para movilizar a otros, para crear instituciones, para cambiar el mundo. El problema no siempre radica en lo que se hace, sino en la meta que se espera lograr: cambiar una ciudad, un país, el mundo. No queremos decir con esto que todo está perdido porque nada va a cambiar, pues nadie puede negar que a lo largo de la historia muchos cristianos y las organizaciones que han creado han cambiado muchas realidades.

A la luz de lo anterior, el primer reconocimiento que se debe hacer es que el cristianismo no se expresa en el mundo de manera uniforme. Existen comunidades cristianas para las cuales la expresión de la ética cristiana en el mundo es de importancia capital. Hay también expresiones del cristianismo que son sincretistas, adaptadas muy bien a la cultura circundante y visiblemente permeadas por la corrupción (Hunter, 2010: 60).

Por mucho que los cristianos quieran cambiar la sociedad, lo que "el estado no puede hacer es dar soluciones completamente satisfactorias al problema de valores en nuestra sociedad" (Hunter, 2010: 171). Es necesario entender cuáles son las posibilidades y también los límites de unos cuantos individuos en el poder. En una ocasión le pregunté a un senador cristiano cómo había sido su experiencia en el congreso y me contestó que "una golondrina no hace verano". La historia de Josías en la antigua Judá lo confirma. Este rey diseñó e implementó una serie de reformas para acabar con la idolatría, pero tan pronto murió, la idolatría siguió igual y hasta peor (2R 23.4–35).

Es cierto, dice Hunter, que las leyes son producto de ciertos valores, pero

> las leyes no pueden producir valores, ni inculcar valores, ni dirimir conflictos de valores. Creer que el Estado puede ayudarnos a preocuparnos más por los pobres y los ancianos, frenar la desintegración de los valores tradicionales, producir respeto entre los diferentes grupos, o crear orgullo cívico, es bastante ilusorio. Le imputa demasiada capacidad al Estado y al proceso político. (Hunter, 2010: 171)

El argumento esencial de Hunter es que es posible cambiar el gobierno, la política, la economía y muchos otros elementos esenciales de un país sin que cambie la esencia de la cultura. De aquí se puede deducir que es inútil esperar que un país cambie su cultura por el hecho de tener un presidente cristiano o porque todos los ministros y el personal administrativo crean en Cristo. En esto se debe insistir: estos individuos no cambiarán la cultura, y además ellos mismos tendrán sus propias carencias y seguramente cometerán faltas, incluyendo la corrupción. Esto se ha visto con suficientes ejemplos como para no necesitar demostración aquí.

Por otro lado, según la Biblia, no es requisito que los poderes terrenales estén en manos de creyentes para que se cumpla la voluntad de Dios: "… aun en su estado caído, los poderes funcionan para mantener el orden en la sociedad" (Hunter, 2010: 157). Esto es lo que la Biblia misma afirma (Ro 13). Más todavía, aun sin saberlo y hasta creyendo que llevan a cabo sus planes, los gobernantes de este mundo llegan a cumplir la voluntad de Dios en ocasiones de manera irónica, como es el caso de Herodes y Pilato, quienes, en el ejercicio arrogante de su poder, llevan a cabo los designios de Dios (Lc 23; Hch 4). Y como si eso no bastara, algunos gobernantes paganos hasta han llegado a recibir el título de "siervos de Dios" (Is 45), designación reservada en la Biblia para muy contados individuos. Por más loable que sea, carece de fundamento la idea que tienen algunos cristianos de que sólo por el hecho de tener gobernantes cristianos el mundo va a cambiar o que nuestros países serán mejores. La idea no es que el gobernante cristiano será peor, sino simplemente que es ilusorio creer que el solo hecho de ser cristiano lo hace mejor que los demás. Por otro lado, la participación en el gobierno de un país no es la única ni la mejor plataforma desde donde se puede practicar y promover la justicia social a la que la Biblia nos llama.

Como lo han señalado muchos analistas del tema, la "iglesia depende de su condición de comunidad minoritaria en oposición a la estructura dominante con el fin de ser eficaz en su crítica a las injusticias del capitalismo democrático" (Hunter, 2010: 164). Los cristianos deben cuidarse del hambre de poder y de reconocimiento, que, a veces, más es producto del complejo histórico de inferioridad y de minoría que de una genuina vocación política. Esta falta de vocación se puede notar, entre otras formas, cuando el político que alza la bandera cristiana apela a los electores cristianos con el argumento de "vote por mí porque soy cristiano". Quien así habla demuestra que, aunque diga muchas cosas, en realidad no tiene ningún otro argumento, trayectoria ni programa de gobierno que ofrecer.

En síntesis, poner demasiadas esperanzas en la política tiene algunos peligros para los cristianos comprometidos con la justicia social. En primer lugar, da a los gobernantes y sus gobiernos una capacidad mayor de la que realmente tienen para transformar una sociedad y solucionar sus problemas. En segundo lugar, como consecuencia de lo anterior, excusa a muchos cristianos de su responsabilidad en el mundo, ya que es más fácil depositar un voto que involucrarse en la atención de los problemas que a los gobiernos les quedan grandes o simplemente escapan a sus posibilidades. Como ha dicho Hunter, "es más fácil votar por un político que se presenta como paladín de la asistencia a los niños que adoptar un niño nacido en la pobreza"; y así podríamos multiplicar los ejemplos relacionados con votos y marchas. El asunto amerita mucha reflexión, porque la participación política fácilmente resulta siendo una forma elegante de "evitar responsabilidades" (Hunter, 2010: 173). En tercer lugar, y esto es de la más absoluta gravedad, como el poder político muchas veces pareciera tener "un sentido último" de la vida, los creyentes terminan confundiéndolo "con los ideales de la venida del reino". El cumplimiento de la misión de la iglesia podría ser favorecido por algún sistema político, pero ya es hora de aprender las lecciones del constantinismo y de la cristiandad: "La política es apenas una forma de ocuparse de los asuntos terrenales y se podría argumentar que no es la más elevada, la mejor, o la más eficaz, ni la forma más humana de hacerlo" (Hunter, 2010: 185).

Mito 2: Los cristianos toman sus decisiones políticas a partir de una reflexión teológica

En su libro *The Righteous Mind* ("La mente recta"), Jonathan Haidt sostiene que por lo general la gente no toma sus decisiones políticas como resultado de una reflexión madura sobre ideologías políticas, candidatos y programas, sino como producto de una respuesta emocional. Esta generalización no es caprichosa ni arbitraria; se fundamenta en estudios académicos a poblaciones extensas a lo largo del tiempo. Esto explicaría, en parte, por qué hay cristianos en una misma iglesia y hasta en una misma familia que, habiendo sido instruidos con la misma Biblia y por los mismos predicadores, tengan posturas políticas radicalmente opuestas. Las simpatías políticas se desarrollan a partir de las influencias que el individuo recibe, pero eso no significa que éstas sean necesariamente producto de un análisis racional de todas las opciones.

Bien hacemos al suponer que habrá excepciones y quisiéramos contarnos entre ellas; nos sentimos mejor creyendo que nuestras afiliaciones o desafectos políticos son de una solidez teológica incuestionable. Sin embargo, aunque no estuviéramos de acuerdo con los resultados de dichos estudios y las implicaciones que pudieran tener tales juicios para nuestra autoestima, valdría la pena considerar la evidencia y la argumentación del caso, ya que en estos asuntos siempre hay espacio para aprender y crecer.

Una de las muestras del papel de las emociones y la falta de racionalidad en los temas políticos es la visceralidad con que cada bando defiende sus posturas y ataca a quienes piensan distinto. Durante los días previos al plebiscito por el acuerdo entre el gobierno colombiano y las FARC, se evidenció esta realidad en las redes sociales. Los insultos, acusaciones y malos tratos entre cristianos evangélicos sugerían que estas personas tenían convicciones y pasiones políticas que superaban con creces a las cristianas.

Por tratarse de una respuesta emocional, el individuo no tiene la capacidad de juzgar objetivamente la historia, la ideología, los actores políticos, los programas, las acciones. Esto último es palpable cuando a un político se lo acusa de corrupción, se lo investiga, se le comprueba la falta y se lo condena, pero sus seguidores siguen defendiendo a esta persona y prefieren aceptar la explicación de sus copartidarios: es persecución política. Lo anterior significa que se debe realizar la tarea en formación política, pero no es para nada fácil y toma mucho tiempo o una gran tragedia nacional.

Una realidad importante que describe Haidt sobre la condición humana es la pugna interior entre el deseo y la razón. El hecho es que somos seres apasionados. Es una gran paradoja que se haya llegado hasta el punto de adorar la razón, pero que, una vez que algo adquiere el carácter de sagrado, "los miembros del culto pierden la habilidad de pensar claramente sobre el asunto" (Haidt, 2012: 32, 34). Así que hasta las decisiones más racionales terminan siendo gobernadas de manera irracional, lo cual impide la corrección y la posibilidad de cambiar de perspectiva.

Por otro lado, un problema fundamental con la razón es que "la razón está diseñada para buscar justificaciones, no la verdad"; por ello, no se puede gobernar con la razón. Es que, en últimas, "a la gente le importan más las apariencias que la realidad" (Haidt, 2012: 86). Así llegamos a la moralidad y nos asociamos con quienes comparten la nuestra. Esta moralidad es la esencia para comprender la humanidad, sostiene Haidt. La felicidad no viene de adentro, sino de "entre": de las buenas relaciones con otros, con el trabajo y con algo más allá de uno mismo (Haidt, 2012: 283). La condición gregaria del ser humano es de importancia capital: "La mente humana es un procesador de historias, no un procesador lógico" (Haidt, 2012: 328).

Como se ve, algunos de estos asuntos ameritan más reflexión y discusión. Apenas si empezamos a entender el tema de las posibilidades de los cristianos para transformar el mundo y la forma como tomamos las decisiones políticas. Mientras conversamos sobre esos asuntos, tal vez los cristianos podamos unirnos para reflexionar sobre nuestra misión en el mundo y mostrar con nuestras acciones que el reino de Dios está entre nosotros.

Una propuesta para una teología práctica de la anticorrupción contempla los siguientes elementos (Wijaya, 2014: 235):

a. Reconocer el papel modesto de la teología en la lucha contra la corrupción y a la vez reconocer el papel de otras disciplinas.

b. Empezar por la erradicación de la corrupción en la iglesia. Toda iglesia y denominación cristiana debe preguntarse dónde y de qué manera aparece el tema de la corrupción en manuales para líderes y otros documentos administrativos de las iglesias, como dirección de proyectos, administración de recursos y otros. Aunque su papel sea modesto, sostiene Wijaya, "una iglesia libre de corrupción es un testimonio vivo de que la corrupción puede ser resistida". La relación que la iglesia tenga con la corrupción tiene un efecto directo sobre su credibilidad.

Desarrollar programas de formación para los cristianos de las iglesias y otros que lleguen a los centros educativos del país. Por ejemplo, los colegios necesitan profesores de ética y religión. Esto lo puede hacer alguien con título de teólogo. Las iglesias y las familias de la iglesia deben preguntarse cuánto invierten para que sus hijos y quienes tengan interés obtengan títulos de teología debidamente acreditados. Dice Wijaya que "una sana teología anticorrupción podría sintetizar el espíritu emprendedor y el optimismo del neopentecostal, el énfasis en la piedad individual y sus implicaciones para la ética corporativa de los evangélicos conservadores y la profunda preocupación por la justicia social y el mensaje ético político de las iglesias históricas".

La realidad latinoamericana

La Biblia sí habla de que el conocimiento de Dios se extienda por toda la tierra y hace un llamado a los cristianos a predicar el evangelio con palabras y acciones. Sin embargo, ningún texto dice que todos los habitantes de un país se van a convertir al cristianismo como meta de la evangelización y mucho menos como promesa. Un experto sostiene que, según la evidencia histórica, "parece improbable que los protestantes se convertirán en la mayoría en país alguno de América Latina" (Freston, 2008: 17). Además, esa misma historia, especialmente de las últimas décadas, muestra que, si de hecho los evangélicos fueran más, no se acabaría la corrupción. La cultura de corrupción que ha resultado de los últimos quinientos años de nuestra historia tiene raíces profundas. No sabemos cómo sería no tener corrupción en nuestros países. Lo que sí sabemos a ciencia cierta son por lo menos dos cosas: 1) los países más corruptos del mundo son los más religiosos, y 2) la mayoría de los cristianos evangélicos que han obtenido altos cargos públicos en América Latina han participado de la corrupción como cualquiera que no se hace llamar cristiano.

El surgimiento y crecimiento de los partidos y movimientos políticos con alta participación de evangélicos se da en el contexto del decaimiento de los partidos políticos tradicionales; esto, sumado a la "desintegración social en algunos países, ha favorecido la idea de los cristianos evangélicos como la única esperanza, una opinión que no está siempre limitada a los evangélicos mismos" (Freston, 2008: 17). Sin embargo, una de las dificultades mayores para que los evangélicos tengan una influencia mayor en las sociedades donde incursionan en la política es la fragmentación y la "incapacidad de unirse alrededor de una expresión organizativa única que podría representar la posición evangélica" (Freston, 2008: 23). Es decir, cuantos más seamos, más divididos estaremos. Habrá causas comunes, pero a la hora de repartir y compartir el poder, las uñas se asoman con facilidad.

Un estudio de 2013 en Brasil sostiene que la participación de los evangélicos[2] en los asuntos políticos se da en tres modalidades: 1) rechazo (las iglesias que promueven la separación de la iglesia y el mundo); 2) participación como individuos por parte de creyentes comprometidos con la política (iglesias descentralizadas con conciencia cívica); y 3) involucramiento como proyecto corporativo de iglesias (iglesias centralizadas de gran tamaño) que presentan "candidatos oficiales". Brasil representa el caso más ilustrativo por tener el mayor número de cristianos no católicos en el mundo mayoritario, lo cual significa que los evangélicos de ese país han tenido mucha más participación en política que cualquier otro país latinoamericano. Desafortunadamente, los resultados de esa experiencia no son los más halagadores: "Si bien la participación individual no está relacionada con la corrupción política, el modelo corporativo fomenta la política de maquinarias, caracterizada en Brasil por una política basada en recursos, una base electoral reducida y el transfuguismo político" (Reich y dos Santos, 2013).

---

2 Por razones de conveniencia, no haremos aquí distinciones históricas y teológicas entre los tantos y variados grupos de cristianos no católicos. Nos referiremos a ellos simplemente como "cristianos" o "evangélicos", como se hace generalmente en estos estudios. De todos modos, algunas distinciones se podrían consultar en *Power Pentecostalisms* (Acosta, 2009)

En el caso de Brasil, el fenómeno se ha observado en situaciones de corrupción documentadas donde ha sido prominente la participación principalmente de iglesias que predican la llamada "teología de la prosperidad". Esta participación ha sido posible gracias al crecimiento exponencial de las iglesias cristianas no católicas y a la disciplina o manipulabilidad (depende cómo se le mire) de los votantes.

Según los autores mencionados, las siguientes son las características de la participación de los evangélicos del Brasil en política, las cuales se pueden constatar en otros países también:

1. Los candidatos representan movimientos políticos basados en la fe, y su propósito es tener una incidencia decisiva para la "renovación moral de la sociedad", como ocurre con los evangélicos en los Estados Unidos. Pero muchos de estos movimientos apenas representan una iglesia de gran tamaño y no movimientos de base o interdenominacionales. Una posible excepción sería el caso en que los evangélicos se unen con católicos para defender alguna causa específica, generalmente asuntos de familia.
2. Lo que determina que los legisladores evangélicos participen en la corrupción no es su condición de evangélicos, sino que cuando "el legislador evangélico surge como producto de una candidatura patrocinada por la iglesia, éste encuentra una afinidad con el estilo de maquinaria política que es particularmente propenso a la corrupción" (Reich y dos Santos, 2013: 2).

Así las cosas, intentar imponer los valores cristianos en una sociedad secular no solamente sería otra forma de tiranía más, sino que no habría autoridad moral para hacerlo. Además, ¿sería un ejemplo de justicia, derecho y misericordia que una minoría cristiana imponga sus normas de vida a una mayoría que no es creyente (o que es creyente de otra manera)? El caso de Brasil muestra que no todos los cristianos conciben la política de la misma manera, lo cual hace imposible pensar en una forma de hacer política como cristianos o una política cristiana. El tema existe, pero todo en plural.

Lo anterior no quiere decir que estemos condenados a la corrupción, el fracaso y la vergüenza. Significa que los políticos cristianos evangélicos necesitan formación y vigilancia. Lo primero, para que sepan dónde y en qué están metidos cuando incursionan en la política, y lo segundo, para que la caída no sea tan estrepitosa, ni tan honda ni tan baja.

Las palabras de Wolff nos sirven bien de inspiración y de resumen en este punto:

> El profeta [Oseas] destaca con toda claridad que los elegidos de Dios sólo tienen que hacer una cosa: vivir de la palabra que se les ha confiado, conocer las acciones de Dios en favor de Israel y la voluntad de Dios respecto a Israel, y anunciar todo eso. Y, de la misma manera, no se pregunta a los mensajeros de Jesús qué es lo que han producido u organizado. Tampoco a nuestra generación le pregunta Dios sobre nuestras propias ideas o sobre la amplitud de nuestras empresas, sino solamente se nos pregunta hasta qué punto hemos conservado el mensaje confiado por Jesús. Nosotros no debemos otra cosa al mundo. Pero eso es precisamente lo que le debemos. Es la palabra viva de Dios que penetró en nosotros por Jesucristo y que nadie en el mundo puede decirse a sí mismo. En el servicio del Dios vivo, no hay otra cosa que hacer que subordinar toda la vida a su palabra eficaz. (Wolff, 1984: 89)

Conclusión

La corrupción es una violación de la justicia y el derecho. Lo que se debe castigar en la corrupción no es, por ejemplo, los delitos de soborno, cohecho y demás, sino lo que la corrupción causa: atraso, pobreza y muerte; el costo de la corrupción es infinitamente superior al dinero robado. Es decir, la corrupción no es un delito común ni simple. Es un delito de lesa humanidad porque está atentando contra la vida de las personas, causa marginación y sume a los países en el atraso. Eso no se puede castigar como se castiga el robo simple de dinero ni según el monto solamente, sino atendiendo a las consecuencias nefastas de la corrupción. ¿Quién puede medir el costo del atraso de un país? ¿Cómo se calcula la pobreza que produce la corrupción? ¿De qué manera se cuentan las muertes producidas por las acciones de los corruptos? Tenemos que empezar por allí. Mientras los castigos por corrupción sean penas que por diversos mecanismos de rebajas permiten a los corruptos salir a disfrutar lo robado, la corrupción a gran escala seguirá siendo un buen negocio y el sistema de justicia no puede hacer parte de ese negocio.

La teología que alimenta los deseos de los cristianos de transformar la sociedad "es una expresión de un deseo de honrar al creador de toda bondad, belleza y verdad, una manifestación de nuestra obediencia amorosa a Dios, y un cumplimiento del mandato divino de amar al prójimo". Es decir, lo primero y lo fundamental no es el deseo de cambiar al mundo (Hunter, 2010: 234). Esto es importante porque, como los profetas del Antiguo Testamento, aunque nadie les prestara atención, ellos seguían haciendo su tarea. Hasta hubo por lo menos uno a quien antes de empezar a predicar le advirtieron que nadie cambiaría con su predicación.

Una pregunta que debemos hacernos es hasta qué punto la indiferencia hacia los pobres y necesitados de nuestro país termina siendo una corrupción de la fe bíblica, la cual le concede un lugar importante a estos individuos tanto en el Antiguo como en el Nuevo Testamento. Algunos textos de Deuteronomio (Dt 15.4–5, 7–8, 10–11) sugieren que

> si las exigencias del pacto se encarnaran a cabalidad, no habría pobres ni necesitados, pero ya que Israel, como toda comunidad humana, es un pueblo "de dura cerviz", algunos de sus habitantes inevitablemente serán pobres. Por lo tanto, al pueblo de Dios se le manda a cuidar de ellos. Esta tarea es parte de lo que significa ser el pueblo de Dios, y no es una actividad opcional. (Birch, 1984: 181)

Finalmente:

> Cuando la corrupción nos seduzca, preguntémonos con franqueza: ¿Qué queremos salvar: la fe o la figura? ¿La integridad o la apariencia? ¿Cuál es la pasión de nuestra vida: seguir la corriente o mostrar un modelo alternativo? ¿Quién es nuestro amigo y aliado? ¿Se podría decir que estamos caminando con Dios y que estamos haciendo todo conforme a lo que él nos dice? (Atiencia, 1998: 69)

Excursus: La paz del rey Jehú en Israel

(2R 9.1–37)

Empezamos con Jehú y acabamos con Jehú. Incluimos aquí a los gobernantes porque en nuestros países reina una polarización mediada por la historia de éstos y por los gobernantes. Hay casos en los que alguien aparece como cumplidor de la norma, celoso de las instituciones, defensor del pueblo y demás; pero, a fin de cuentas, lo que busca es poder para saciar su sed de venganza o de dominio. Volvemos, pues, a hablar de Jehú, un hombre en cuya boca estaba la palabra paz, cuya conducta sugería un celo profundo por la justicia y el derecho, pero que terminó siendo peor de lo que parecía y haciendo mucho menos de lo que decía.

Estas reflexiones en torno a la historia de Jehú nos ayudan a entender por qué Oseas selecciona a este rey como uno de los primeros blancos de su profecía. También nos enseña cómo se da un golpe de Estado de manera exitosa y nos sugiere qué podría pasar cuando a la misión de Dios se le suman las bajas pasiones humanas de alguien armado. El relato se compone de cuatro episodios llenos de intriga, dramatismo y enigma (vv. 1–10, 11–13, 14–29 y 30–37).

Lo primero es la unción de Jehú como rey de Israel (vv. 1–10); en este punto de la historia recordamos las instrucciones que recibió Elías de ungir a Jazael, Jehú y Eliseo. Notamos que estos tres individuos son ungidos para que actúen como agentes del juicio de Dios (1R 19.15–17). En este asunto el texto es claro y directo. De aquí nos interesa la unción de Jehú.

Eliseo no lo unge él mismo, sino que envía a un profeta de la comunidad. La fórmula para la unción es bastante corta: "Así dice el Señor, te unjo rey de Israel" (vv. 3 y 6). Durante la ceremonia, que se hace a escondidas, el mensajero pronuncia una serie de palabras adicionales que suponemos eran parte de las instrucciones recibidas, pero se han omitido en aras de la brevedad.

Las circunstancias que rodean el episodio de la unción sugieren que esto ocurrió antes de la guerra contra los sirios relatada en la sección anterior. Las afirmaciones del profeta en cuanto a las acciones futuras de Jehú son de la mayor seriedad: acabar con la dinastía de Acab, incluyendo su familia y el ejército. Se repite aquí (v. 10) una sentencia ya conocida contra Jezabel: *los perros se la comerán* (1R 21.23; cp. Sal 68.23–24). Según el texto, de esta manera el Señor vengará la muerte de sus siervos los profetas. Ya que serán los militares quienes ejecuten la justicia, los detalles de sus acciones también se plantean en términos militares. Los profetas del Antiguo Testamento no son hombres armados ni están acompañados de guardaespaldas. Por ello, cuando están en apuros les toca huir y esconderse; pero cuando los buscan para matarlos y los encuentran, los matan. Los delitos contra los profetas no eran juzgados en las cortes, sino son asuntos juzgados por Dios. No hay apelaciones ni segundas instancias. Así, el profeta que unge a Jehú, consciente de la peligrosidad de su misión, termina su tarea y sale, como corresponde, huyendo.

Estemos o no de acuerdo con este sistema judicial, la realidad es que se puede prestar para abusos, lo cual de hecho ocurre, incluyendo este caso. Es decir, en la Biblia el sistema judicial no se ve como perfecto ni como una forma de frenar la maldad humana de manera completa y definitiva. Si uno lo piensa bien, nada de eso es posible. Lo que molesta es la cantidad de sangre y que haya sido de Dios la idea, la orden y la unción del general. Sin pretender resolver ese asunto aquí, reitero lo que ya he dicho: antes de acusar a Dios por la violencia, debemos reconocer tres cosas: 1) que la situación de por sí ya es violenta; 2) los violentos normalmente no son muy dados al diálogo, y 3) existe en la Biblia la esperanza de un mundo en paz y seguridad sin armas, como lo sugiere el mismo libro de Oseas.

El segundo episodio de la unción de Jehú es el anuncio público (vv. 11–13). Hasta este punto la historia se parece a las de Saúl y David, quienes fueron ungidos en privado antes de ser proclamados públicamente como reyes. Aquí hay tres asuntos de interés. Lo primero es que los militares que acompañan a Jehú le dicen "loco" (מְשֻׁגָּע, *məšuggāʿ*; v. 11) al profeta que lo ungió. Locos siempre ha habido, así que la existencia del término no debe sorprender, pero que llamen así a un profeta motiva unas cuantas preguntas.

La evidencia bíblica muestra que muchos de los profetas eran gente fuera de lo común a quienes no les interesaba estar al día con la moda ni ser aceptados ni, mucho menos, populares. Da la impresión de que algunos hasta tenían estilos de vida excéntricos, lo cual podría incluir formas de vestir y vivir, así como de comunicación y de alimentarse, visiblemente diferentes de las del común de la gente de su época. Quizá por ello adquirieron la fama de locos. Sin embargo, parece que algunos, para hacerse pasar por profetas, adoptaban la apariencia y estilo de vida de éstos. Es posible que a la postre esto llevó a que todo profeta, falso o verdadero, fuera considerado loco (Jer 26.9; Os 9.7). Así las cosas, no es extraño entonces que llamasen loco al profeta que ungió a Jehú.

El segundo punto de interés en estos tres versículos es que por tercera vez se repite *así dice el Señor: Te unjo rey de Israel* (v. 12). Esta vez es igual a la primera (v. 3), es decir, sin el resto de los datos adicionales que aparecen sólo cuando ocurre la unción.

El tercer asunto interesante es que, a pesar de que al profeta lo han llamado "loco", de todas maneras, se toman en serio lo que hizo y dijo: tratan a Jehú como rey y lo proclaman como tal de la manera en que se hacía en la época. Esto nos lleva a concluir que "loco" aquí es simplemente sinónimo de "profeta". Quizá el equivalente sea hoy en día lo que ocurre con ciertos artistas, científicos o gente creativa. También sucede ahora que algunos para parecerse a aquéllos imitan sus formas de vestir y de conducirse.

Lo extraordinario quizá no es que alguien sea ungido, sino para qué y en qué momento. En el siguiente episodio, Jehú dará inicio al cumplimiento de las palabras del profeta cuando lo ungió (vv. 14–29). Aquí comprobamos que su unción se da cuando iba a empezar o había empezado la guerra de Joram (y Ocozías) para defender o recuperar Ramot de Galaad de los sirios. ¿Qué puede hacer Joram contra dos individuos (Jazael y Jehú) específicamente ungidos para derrotarlo?

Aquí la historia regresa a un punto cronológico importante ya dicho. Jehú viene en busca de Joram cuando Ocozías lo está visitando por causa de las heridas que recibió Joram en la guerra contra Jazael (2R 8.29). La trama es la siguiente: Joram se halla peleando contra los sirios por la posesión de Ramot de Galaad, pero termina siendo asesinado por Jehú, un general de su propio ejército. La situación de Israel es de autodestrucción. Al tiempo que pierde territorios importantes, pierde en seguridad interna y en unidad como pueblo.

El anhelo de una vida en paz y tranquilidad pareciera escucharse en el más común de los saludos hebreos. El asunto pasaría desapercibido si no fuera porque en este capítulo aparece siete veces. La expresión traducida literalmente sería: "¿Hay paz?" (הֲשָׁלוֹם, *hăšālôm*). Cuando esto se dice en el encuentro de dos personas, se puede traducir de varias maneras, como "¿Todo bien?" o simplemente con el clásico "Paz", "Hola" o "¿Cómo estás?". Pero en el texto que nos ocupa no es posible limitarlo al uso corriente. Inmediatamente después de la unción de Jehú, sus colegas militares le dicen *hăšālôm* (v. 11), y al primer jinete que va a su encuentro cuando se dirige hacia Joram, lo instruyen para que le diga *hăšālôm* (v. 17); y cuando llega donde Jehú le dice *hăšālôm* (v. 18). El segundo jinete le dice lo mismo a Jehú, *hăšālôm*, pero éste toma el aparente saludo de manera literal y le responde: "¿Qué te importa a ti la paz?" (v. 19). Asimismo, Joram le dice *hăšālôm*, lo cual éste de nuevo toma literalmente y contesta: "¿Qué *šālôm* puede haber ...?" (v. 22); finalmente, Jezabel (quien todavía está viva) le dice: "¿*hăšālôm* Zimri, asesino de su señor?" (v. 31). En síntesis, el término común y de campo semántico amplio termina perdiendo hasta su sentido común y se vuelve una ironía de su sentido más rico. Aparentemente, quien mejor describió la situación fue Jehú al afirmar que a nadie aquí le importa la paz, ni siquiera a él. Sin embargo, y a pesar de todo, esa realidad que no existe, la paz, está en boca de todos.

Volviendo al loco, es posible que haya una pizca de humor en la pregunta que le hacen a Jehú al llamar "loco" (מְשֻׁגָּע, *məšuggāʿ*) al profeta (v. 11), puesto que el otro, que también es alocado, es el mismo Jehú, a quien identifican fácilmente porque conduce su carruaje "como un loco" (בְשִׁגָּעוֹן, *b̲əšiggāʿôn*, v. 20). En otras palabras, un loco es ungido por otro loco. ¿Qué se propone el texto bíblico con esto? Podríamos decir que no son tiempos de mucha cordura, pero tenemos un problema: a estos individuos Dios los ha escogido para una tarea específica, aunque es posible que para algunas tareas sea mejor un loco que un cuerdo. El único atenuante del calificativo es que así son percibidos estos dos individuos; no que realmente sean locos o, por lo menos, no del todo.

Jehú afirma que la situación en la que se encuentra Israel es responsabilidad de Jezabel: por "prostituciones y brujerías" y por robarle la viña a Nabot (vv. 25–26). Al expresarlo de esta manera, Jehú expone de un solo trazo dos de los pecados más graves del Antiguo Testamento: la idolatría y la injusticia social. Como es obvio, aunque Jehú tenga razón, el gobierno de turno interpreta su sublevación como traición (v. 23), lo cual es eso en términos políticos. Para Jehú es un intento de guiar a Israel hacia la recuperación de su rumbo, lo que, a su vez, es el lema de todo nuevo gobierno.

El resultado de la unción y comisión de Jehú es sangriento; mató a Joram, rey de Israel, a Jezabel, su madre, y a Ocozías, rey de Judá. La conclusión parcial del escritor bíblico es que las muertes de estos individuos y la manera como ocurrieron son cumplimiento de la palabra de Dios (v. 37). Decimos parcial porque, como veremos, el mismo texto nos mostrará otras conclusiones al término del gobierno de Jehú.

La forma como murió Jezabel quizá muestra la facilidad con la que la gente cambia sus lealtades políticas, cosa que en Reyes se observa en distintas ocasiones. Los mismos que acompañan a Jezabel, sus empleados de confianza (v. 32), son los que la lanzan desde un balcón cuando ven que ahora el que manda es otro: Jehú. Claro, puede ser también una de esas situaciones donde las armas hacen cambiar de partido a cualquiera. En ese momento no hay ideologías políticas de qué hablar. Lo que importa es salvar el pellejo y conservar el empleo.

La muerte de Jezabel es uno de los pasajes más horrendos del Antiguo Testamento: al ser arrojada desde un balcón, su sangre salpica las paredes, y los caballos entre los que cae se excitan, la pisotean y la destrozan. Después de esto, ¡Jehú se sienta a comer y beber! Es cierto que en el Antiguo Testamento el acto de comer y beber es símbolo inequívoco de un cambio de rumbo en la historia (Sharon, 2002), pero ¿quién tiene apetito para comer después de semejante escena? Solamente alguien con el estómago de Jehú. Cuando van a enterrar a Jezabel, porque a pesar de todo es hija de un rey, sólo encuentran la calavera, los pies y las manos. Es decir, mientras Jehú comía, algunos animales hambrientos se comían a Jezabel (vv. 36–37; cp. 1R 21.19–24). De esta extraña y horrenda manera dice el texto que se cumple la palabra del Señor.

Es común entre los lectores de la Biblia tener ojos para ver sólo uno de estos dos problemas graves en la historia del pueblo de Dios: o la idolatría o la injusticia social. Quien ve lo primero, dedicará su vida a promover el estudio bíblico, la oración y el "crecimiento espiritual"; mientras que quien percibe lo segundo dedicará sus energías a la acción social, la promoción de la justicia y la liberación de los oprimidos. La historia de los reinados de Acab y de Jehú muestra que a Dios le ofenden ambas cosas por igual. Una de las diferencias grandes entre el pueblo de Israel en la antigüedad y la iglesia es que ésta es multinacional y no tiene un ejército, por lo cual no defiende un país específico. Sin embargo, la idolatría y la injusticia social siguen siendo realidades del mundo actual y de la misma iglesia. Por consiguiente, es responsabilidad del ministerio de toda iglesia y de toda la iglesia combatirlos con todas sus fuerzas y recursos, sin olvidar que no se necesita una imagen para ser idólatra ni ser político para ser corrupto y alimentador de la injusticia social.

Bibliografía

Acosta, Milton

2009 "Power Pentecostalisms". *Christianity Today* 53(8): 40–42.

2017 "From What do we need to be saved?". En *So Great a Salvation: Soteriology in the Majority World (Majority World Theology)*, editado por Gene L. Green, Stephen T. Pardue, y K. K. Yeo, 93–115. Majority World Theology. Grand Rapids: Eerdmans.

Adams, Karin

2008 "Metaphor and Dissonance: A Reinterpretation of Hosea 4.13–14". *Journal of Biblical Literature* 127(2): 291–305.

Arias Trujillo, Ricardo

2011 *Historia de Colombia contemporánea (1920–2010)*. Bogotá: Universidad de los Andes.

Atiencia, Jorge

1998 *Victoria sobre la corrupción*. Buenos Aires: Certeza Argentina.

Bergoglio, Jorge Mario

2014 *Corrupción y pecado: algunas reflexiones en torno de la corrupción*. Buenos Aires: Editorial Claretiana.

Birch, Bruce C.

1984 "The role of Scripture in public theology". *Word & World* 4(3): 260–68.

1991 *Let Justice Roll down: The Old Testament, Ethics, and Christian Life*. Louisville: Westminster/John Knox Press.

Birch, Bruce C, Walter Brueggemann, Terence E Fretheim, y David L. Petersen

2005 *A theological introduction to the Old Testament*. Nashville: Abingdon Press.

Brueggemann, Walter

2007 *Teología del Antiguo Testamento*. España: Ediciones Sígueme.

Buss, Martin J.

1969 *The prophetic word of Hosea; a morphological study*. Berlín: Verlag Alfred Töpelmann.

Cisneros, Vicente

2002 *La Iglesia frente a la corrupción carta pastoral de los obispos del Ecuador y los retos actuales*. Santa Fe: El Cid Editor. http://0-site.ebrary.com.fama.us.es/lib/unisev/Doc?id=10059899.

Connolly, Tristanne J.

1998 "Metaphor and Abuse in Hosea". *Feminist Theology: The Journal of the Britain & Ireland School of Feminist Theology*, 18 (mayo): 54.

Deaton, Angus

2013 *The great escape: health, wealth, and the origins of inequality*. Princeton University Press.

Edet, Ignatius

2009 "The Church and corruption in Africa". AFER 51–52 (4 & 01): 625–55.

El Espectador

2015 "Esclavas sexuales de la II Guerra Mundial, sin consuelo". *El Espectador.* 16 de agosto de 2015. http://www.elespectador.com/noticias/elmundo/esclavas-sexuales-de-ii-guerra-mundial-sin-consuelo-articulo-579621.

El Tiempo, Casa Editorial

s. f. "Caricaturas - eltiempo.com". El Tiempo. Accedido 17 de julio de 2017. http://www.eltiempo.com/opinion/caricaturas/matador/la-raiz-del-problema-matador-109816.

Elespectador.com

2015 "Comisión Histórica del Conflicto difiere sobre legitimidad de lucha armada de FARC", 10 de febrero de 2015. http://www.elespectador.com/noticias/paz/comision-historica-del-conflicto-difiere-sobre-legitimi-articulo-543291.

Emmerson, Grace I.

1985 *Hosea: An Israelite Prophet in Judean Perspective*. Sheffield: Sheffield Academic Press.

Fernández Fuentes, Luis

2016 "¿Problema de cultura o instituciones?". *Siempre!* (blog). 16 de abril de 2016. http://www.siempre.mx/2016/04/problema-de-cultura-o-instituciones/.

Freston, Paul

2008 "Introduction: The Many Faces of Evangelical Politics in Latin America". En *Evangelical Christianity and Democracy in Latin America*, editado por Freston, Paul, 3–36. Oxford: Oxford University Press.

Haidt, Jonathan

2012 *The Righteous Mind: Why Good People Are Divided by Politics and Religion*. Reprint edition. New York: Vintage.

Hubbard, David Allan

2009 *Hosea: An introduction and commentary*. Downers Grove: IVP Academic.

Hunter, James Davison

2010 *To change the world: The irony, tragedy, and possibility of Christianity in the late modern world.* Oxford: Oxford University Press US.

Kelle, Brad E.

2005 *Hosea 2: Metaphor and rhetoric in historical perspective.* Atlanta: Society of Biblical Literature.

Kidner, Derek

1991 *Salmos 73–150: Introducción y comentario sobre los Libros* III *y* IV *de los Salmos.* Downers Grove, Illinois, Estados Unidos: Certeza.

Kruger, Paul A.

2012 "The Face of Disorder: A Note on Hos 3, 4". ZAW 124(2): 249–54. https://doi.org/10.1515/zaw-2012-0019.

Landy, Francis

2011 *Hosea.* Sheffield: Sheffield Phoenix Press.

Lim, Bo H, y Daniel Castelo

2015 *Hosea.* Grand Rapids: Eerdmans.

Liverani, Mario

2005 *Israel's history and the history of Israel.* UK: Equinox.

López, Darío

1998 *Los evangélicos y los derechos humanos: La experiencia social del Concilio Nacional Evangélico del Perú 1980–1992.* Lima: CEMAA.

2000 *Pentecostalismo y transformación social: Más allá de los estereotipos, las críticas se enfrentan con los hechos.* Ediciones Kairós.

Manrique Reyes, Alfredo

2010 *Fundamentos de la organización y del funcionamiento del Estado colombiano.* Bogotá: Universidad del Rosario.

Martínez, José M.

1990 *Abba, Padre.* Barcelona: CLIE.

Martínez M., Milton J.

2015 *La dimensión social del proyecto de Dios: Una comprensión a partir del concepto pueblo en Isaías 1–12.* Bogotá: Bonaventuriana.

Moughtin, Sharon

2008 *Sexual and Marital Metaphors in Hosea, Jeremiah, Isaiah, and Ezekiel.* Oxford; New York: Oxford University Press.

Múnera Duque, Alberto

2015 "La relación entre derecho y ética, frente a la corrupción en lo público". *Revista Javeriana* 82(814): 45–48.

Nardoni, Enrique

1997 *Los que buscan la justicia: Un estudio de la justicia en el mundo bíblico.* Estella: Verbo Divino.

Padilla, C. René, y Harold Segura, eds.

2006 *Ser, hacer y decir: Bases bíblicas de la misión integral*. Buenos Aires: Ediciones Kairós.

Pena López, José Atilano y José Manuel Sánchez Santos

2009 "La dotación de capital social como factor determinante de la corrup...". *Revista de Economía Mundial* 22: 197–220.

Plunkitt, George Washington, William L. Riordon, Peter Quinn y Philip Freeman

2015 *Plunkitt of Tammany Hall: A Series of Very Plain Talks on Very Practical Politics Delivered by Ex-Senator George Washington Plunkitt, the Tammany Hall Philosopher from His Rostrum the New York County Court House Bootblack Stand*. http://search.ebscohost.com/login.aspx?direct=true&scope=site&db=nlebk&db=nlabk&AN=1117072.

Premnath, D. N.

2008 "Amos and Hosea: Sociohistorical Background and Prophetic Critique". *Word & World*. 28(2): 125–32.

Quiroz, Alfonso W.

2015 *Historia de la corrupción en el Perú*. Traducido por Javier Flores Espinoza. Lima: Instituto de Estudios Peruanos.

Ramírez Kidd, José E.

2010 *Las quejas de un campesino elocuente: La justicia social en el antiguo Egipto*. San José: Editorial SEBILA.

Reguillo Cruz, Rossana

2010 *Los jóvenes en México*. México, D. F: Fondo de Cultura Económica; Consejo Nacional para la Cultura y las Artes.

Reich, Gary, y Pedro dos Santos

2013 "The Rise (and Frequent Fall) of Evangelical Politicians: Organization, Theology, and Church Politics". *Latin American Politics and Society Latin American Politics and Society* 55(4): 1–22.

Rentería, Tamis Hoover

1992 "The Elijah/Elisha Stories: A Socio-Cultural Analysis of Prophets and People in Ninth-Century B. C. E. Israel". En *Elijah and Elisha in Socioliterary Perspective*, editado por Robert Coote, 75–126. Atlanta: Scholars Press.

Revista Semana

2016a "Cocineros convierten en comedores tres plazas para rechazar corrupción en la alimentación escolar". *Revista Semana*. 2016. http://www.semana.com/nacion/articulo/protesta-de-concineros-en-plazas-de-bogota-cali-y-cartagena/482640.

2016b "Presidente Juan Manuel Santos revela nuevo hecho de corrupción". *Revista Semana*. 2016. http://www.semana.com/nacion/articulo/presidente-juan-manuel-santos-revela-nuevo-hecho-corrupcion/250545-3.

Rodríguez Radillo, Heréndida

2015 "La cultura de la corrupción". *Estudios sobre las culturas contemporáneas* 21: 29–47.

Saintout, Florencia Juana

2007 *Jóvenes e incertidumbres, percepciones de un tiempo de cambios. Familia, escuela, trabajo y política*. Buenos Aires: FLACSO. Sede Académica Argentina.

Scheidel, Walter

2017 *The Great Leveler*. Princeton: Princeton University Press.

Schökel, Luis Alonso y Cecilia Carniti

1993 *Salmos* II. Estella: Verbo Divino.

Sen, Amartya

2011 *The Idea of Justice*. Massachusetts: Harvard University Press.

Serna, Enrique

1995 *El miedo a los animales*. México, D. F.: Editorial J. Mortiz.

Sharon, Diane M.

2002 *Patterns of Destiny: Narrative Structures of Foundation and Doom in the Hebrew Bible*. Winona Lake, IN: Eisenbrauns.

Sicre Díaz, José Luis

1985 *"Con los pobres de la tierra": La justicia social en los profetas de Israel*. Madrid: Cristiandad.

Sweeney, Marvin Alan

2000 *The Twelve Prophets*. Vol. 1. Collegeville: Liturgical Press.

Tavits, Margit

2010 "Why Do People Engage in Corruption? The Case of Estonia". *Social Forces* 88(3): 1257–80.

Vásquez Cárdenas, Ana Victoria y Mario Montoya Brand

2011 "Corrupción, lucha anticorrupción y formas de gobierno: Hacia la búsqueda del concepto de corrupción". *Estudios de Derecho* 68(152): 228–53.

Vásquez, Juan Gabriel

2011 *El ruido de las cosas al caer*. Doral: Alfaguara/Santillana.

Weinfeld, Moshe

1992 "'Justice and Righteousness': The Expression and Its Meaning". En *Justice and Righteousness: Biblical Themes and their Influence*, editado por Henning Graf Reventlow y Yair Hoffman, 228–46. Sheffield: JSOT Press.

Wenham, Gordon

1985 "The date of Deuteronomy: Linch-pin of Old Testament criticism". *Themelios* 10:15–20.

2007 "Prayer and Practice in the Psalms". En *Psalms and Prayers: Papers Read at the Joint Meeting of the Society of Old Testament Study and Het Oudtestamentische Werkgezelschap in Nederland En België, Apeldoorn August 2006*, editado por Bob Becking y Eric Peels, 279–95. Leiden: BRILL.

Wiens, Arnoldo

1998 *Los cristianos y la corrupción: Desafíos de la corrupción a la fe cristiana en América Latina*. Colección Pensamiento Cristiano. Terrassa: CLIE.

Wijaya, Yahya

2014 "Constructing an Anti-Corruption Theology". *Exchange* 43(3): 221–36.

Wolff, Hans Walter

1984 *Oseas hoy: las bodas de la ramera*. Salamanca: Ediciones Sígueme.

Wolterstorff, Nicholas

2008 *Justice: Rights and Wrongs*. Princeton University Press.

Wright, Christopher J. H.

1996 *Viviendo como pueblo de Dios: La relevancia de la ética del Antiguo Testamento*. Andamio.

Yue, Anthony R. y Luc Peters

2015 "Corruption as co-created rupture: A definitional etymological approach". *Ephemera: theory & politics in organization* 15(2): 445–452.

Zaldívar, Raúl

2008 *Teología sistemática: Desde una perspectiva latinoamericana*. Barcelona: Editorial Clie.

Otras publicaciones recomendadas

El humor en el Antiguo Testamento
Milton A. Acosta
Ediciones Puma
ISBN: 978-9972-701-59-7
Tapa rústica, 15.2 x 22.8 cm, 272 páginas

La misión liberadora de Jesús
El mensaje del evangelio de Lucas
3ra edición
Darío López Rodríguez
Ediciones Puma
ISBN: 978-612-4252-20-4
Tapa rústica, 15.2 x 22.8 cm, 218 páginas

ALEB FERNÁNDEZ PÉREZ
HAGEO
RECONSTRUYENDO NUESTRA
ESPIRITUALIDAD
Ediciones
PUMA

www.ingramcontent.com/pod-product-compliance
Ingram Content Group UK Ltd.
Pitfield, Milton Keynes, MK11 3LW, UK
UKHW022022190726
13853UKWH00005B/2062